Pascal Brodnicki

Po prostu gotuj!

Bon Appetit

Knorr

Wydawca: media.worxx sp. z o.o.
01-576 Warszawa, ul. Kossaka 3
www.worxx.pl
przepisy: Pascal Brodnicki
redakcja i opracowanie: Anna Wrońska
zdjęcia: Cezary Hładki
zdjęcie okładki: Krzysztof Kozanowski
stylizacja: Beata Blaibel
projekt graficzny: Tomasz Grądzki
korekta: Teresa Kruszona
skład i łamanie: Jarosław Wrzesień
druk i oprawa: OZGraf – Olsztyńskie Zakłady Graficzne SA

produkcja: Intergalactic Productions
Warszawa 2005
ISBN 83-923097-0-7

**W przepisach podajemy tylko czas,
który zajmuje praca nad przygotowaniem potrawy
– nie uwzględniamy czasu pieczenia,
gotowania, marynowania, zamrażania itp.**

podziękowania

Książka ta nie powstałaby bez pomocy firmy Unilever,
a przede wszystkim zespołu marki Knorr, oraz telewizji TVN
i firmy Intergalactic – producenta mojego programu
telewizyjnego „Pascal – po prostu gotuj".
Specjalne podziękowania dla firm Villeroy & Boch AG
i Tefal za udostępnienie porcelany i naczyń kuchennych.

Spis treści

wstęp

Miałem 20 lat, kiedy uczyłem się gotować w restauracji „Les Pyrenees" w Kraju Basków (dwie gwiazdki w czerwonym Michelinie). Jej szefem był (jest zresztą do dziś) pan Firmin Arrambide. U niego nie dało się leniuchować. Po nocach drylowaliśmy tony czereśni, bo akurat był sezon. Gdy dostarczano nam dzikie gołębie, skubaliśmy je godzinami. Szef dbał, abyśmy nie mieli chwili wytchnienia. Były jednak momenty, kiedy dawał nam wolne. Na dwie godziny po południu zamykał się w kuchni i sam przyrządzał sosy. Wszystkie receptury sosów miał w głowie, nie korzystał z żadnych książek kucharskich. W ciemnej piwnicy trzymał także mały zeszycik z pozostałymi tajnymi przepisami. Ten zeszyt był przykuty do stołu łańcuszkiem! Przypuszczam, że szef wiedział, że się tam zakradamy. Zadbał jednak, abyśmy nie mogli niczego przepisać. Jeśli jedną ręką kartkujesz zeszyt, a w drugiej trzymasz zapalniczkę lub świecę, to czym niby miałbyś pisać? A szef nigdy nie doprowadził do piwniczki prądu...

Ja nie jestem taki jak pan Arrambide. Chętnie przekażę Wam moje ulubione przepisy, nauczę Was także, jak gotować, aby unikać wpadek.

Po to właśnie jest rozdział, który zatytułowałem „Sztuczki, tricki i techniki".

Jestem żabojadem, nie trzeba mnie długo namawiać na żaby, ślimaki, śmierdzące sery czy owoce morza. Znam też i lubię kuchnię włoską, hiszpańską, tajską, indyjską, chińską. Kocham tradycyjną kuchnię polską, tę wiejską, i tę szlachecką. Ale od pewnego czasu lubię także kulinarne eksperymenty – stale coś zmieniam w klasycznych przepisach.

Cały czas się uczę.

Sporo podróżuję, a z każdego kraju staram się przywieźć coś nowego. Jakąś egzotyczną przyprawę. Specjalny garnek do tadżine, bez którego nie da się zrobić dobrego kuskusu. Doskonałą oliwę tłoczoną na zimno lub berberyjski olej arganowy o gorzkawo-orzechowym smaku i lekko orzechowym zapachu. Miód z eukaliptusa albo z kaktusa. I przepisy, setki nowych przepisów ze wszystkich stron świata.

Bo chcę, abyście wiedzieli, że gotowanie jest fajne, że w kuchni można się nieźle bawić. Wspólne kucharzenie zbliża ludzi. Wiem, co mówię, bo często zapraszam do siebie przyjaciół – albo ja gotuję dla nich, a oni patrzą, albo oni gotują, a ja nadzoruję. Zawsze jest super, a jedzenie smakuje co najmniej tak samo dobrze jak w eleganckiej restauracji.

Pozdrawiam – bon appetit!

Pascal

niezbędnik

① **Suszarka do sałaty i ziół**. Po wyjęciu liście są suche, ale pozostają chrupiące i można przechowywać je w lodówce.

② **Młynki do soli i pieprzu**: obie te przyprawy najlepsze są świeżo zmielone. Szczególnie chodzi tu o pieprz, który szybko traci aromat.

③ **Żyrafa, czyli twister**, do miksowania zup i sosów. Jest wygodna, bo można zmiksować potrawę bezpośrednio w garnku czy na patelni, nie trzeba brudzić dodatkowego naczynia.

④ **Robot kuchenny** do rozdrabniania, miksowania, przecierania, ubijania i zagniatania. Wyposażony w tarcze do krojenia warzyw na sałatkę. Ma regulowane obroty – może pracować bardzo szybko lub powoli.

⑤ **Papier pergaminowy** wytrzymuje temp. 220 stopni. Nadaje się do kuchenki mikrofalowej. Nie przywiera do pieczonych potraw, nie trzeba go natłuszczać.

⑥ **Przezroczysta folia kuchenna** do pakowania, przykrywania, utrzymania świeżości produktów. Nie stosuje się jej w wysokiej temperaturze, bo się topi.

⑦ **Folia aluminiowa** nadaje się do pieczenia, grillowania, utrzymania świeżości. Nie jest najlepsza do zamrażania, bo przywiera do jedzenia.

⑧ **Deska do krojenia** powinna być solidna, masywna. Ja wolę drewniane, ale o nie trzeba dbać.
Po zakupie smaruję deskę oliwą i zostawiam na 2 dni, aby tłuszcz wsiąkł. W ten sposób zapobiegam pękaniu deski. A potem, gdy deska się już solidnie wybrudzi, posypuję ją solą i zostawiam na całą noc. Sól wyciąga nieprzyjemne smaki i zapachy, które pozostały w drewnie, a poza tym wybiela. Następnego dnia trzeba sól spłukać, a deskę umyć.

⑨ **Rękaw lub worek cukierniczy:** może być jednorazowy, który wyrzuca się po użyciu, lub wielorazowy. Ten drugi trzeba po każdym użyciu nie tylko umyć, ale i wygotować. Do każdego rękawa dołączone są końcówki do faszerowania i dekoracji. Według mnie najbardziej przydają się końcówki z okrągłymi mniejszymi i większymi dziurkami oraz końcówki z małą albo dużą gwiazdką.

⑩ **Tłuczek** do rozbijania mięsa. Radzę przykrywać mięso folią i dopiero wtedy rozbijać. W ten sposób nie przerywa się włókien. Ja często używam tłuczka gładkiego, który nie ma ząbków.

⑪ **Wałek** – nie tylko do ciasta. Możesz używać go do rozbijania delikatnego mięsa, jeśli nie masz tłuczka. Nadaje się także do kruszenia orzechów i migdałów: wystarczy zawinąć je w ściereczkę i przejechać wałkiem, a już są ładnie rozdrobnione.

⑫ **Moździerz** – polecam kamienny. Jeśli używasz moździerza tylko do suchych produktów, np. do przypraw, może być także drewniany. Metalowych nie polecam, często rdzewieją.

⑬ **Pędzelek kuchenny** do smarowania ciasta, pieczeni oraz grillowanych mięs, ryb i warzyw. Przydaje się przy robieniu karmelu.

⑭ **Drewniana łyżka** do mieszania. Gdy zacznie brzydko pachnieć, nie zastanawiaj się, tylko wyrzuć. To jest tanie.

⑮ **Szpatułka** gumowa lub silikonowa do wygarniania z miski resztek sosu, kremu, ciasta. Dobry kucharz nie marnuje jedzenia!

⑯ **Forma na tartę** – może być ceramiczna, szklana albo teflonowa. Do słodkich i pikantnych tart, do zapiekanek, do crumble.

⑰ **Sznurek –** biały, bawełniany, dość gruby. Do sznurowania mięsa, podwiązywania nóżek i skrzydełek drobiu, zaszywania nadziewanego mięsa i drobiu. Można nim związywać bouquet garni (pęczek ziół nadający smak bulionowi).

⑱ **Waga kuchenna** o skali od 0 do 2,5 kg. Powinna ważyć z dokładnością do 10 g.

⑲ **Drewniane długie wykałaczki** do koreczków, do szaszłyków. Przed grillowaniem muszą poleżeć 2 godziny w wodzie, bo inaczej się spalą.

⑳ Miski metalowe z okrągłym dnem do ubijania piany i śmietany, robienia sosów i topienia czekolady w kąpieli wodnej.

㉑ Durszlak ze stali nierdzewnej lub emaliowany z dwoma uchwytami, stojący.

㉒ Sitko ze stali nierdzewnej, z rączką. Nadaje się do zawieszenia nad naczyniem. Lepsze niż durszlak, jeśli chcesz coś przecedzić i zachować płyn.

㉓ Komplet garnków i patelni różnej wielkości (z pasującymi pokrywkami). Garnki powinny mieć nienagrzewające się uchwyty lub specjalną rączkę, która pasuje do każdego z naczyń w komplecie.

㉔ Praska do ziemniaków lub gotowanych warzyw.

㉕ Chochla: najlepsza jest chyba metalowa. Nie zostawiaj jej w zupie czy w gulaszu, bo może zmienić smak potrawy.

㉖ Łyżka cedzakowa do wyjmowania i osączania z wody lub tłuszczu produktów smażonych albo gotowanych. Dobra do odwracania naleśników, racuchów, kotletów.

㉗ Ostrzałka do noży – może być kamienna, stalowa, ceramiczna, ale najlepsze są diamentowe (z syntetycznych diamentów lub rubinów). Trochę kosztują, ale raz kupione służą przez całe życie.

㉘ Widelec do pieczeni – pomaga w pokrojeniu pieczonego mięsa i drobiu. Nie używaj go do odwracania smażącego się mięsa, bo po nakłuciu wypływa sok i mięso wysycha.

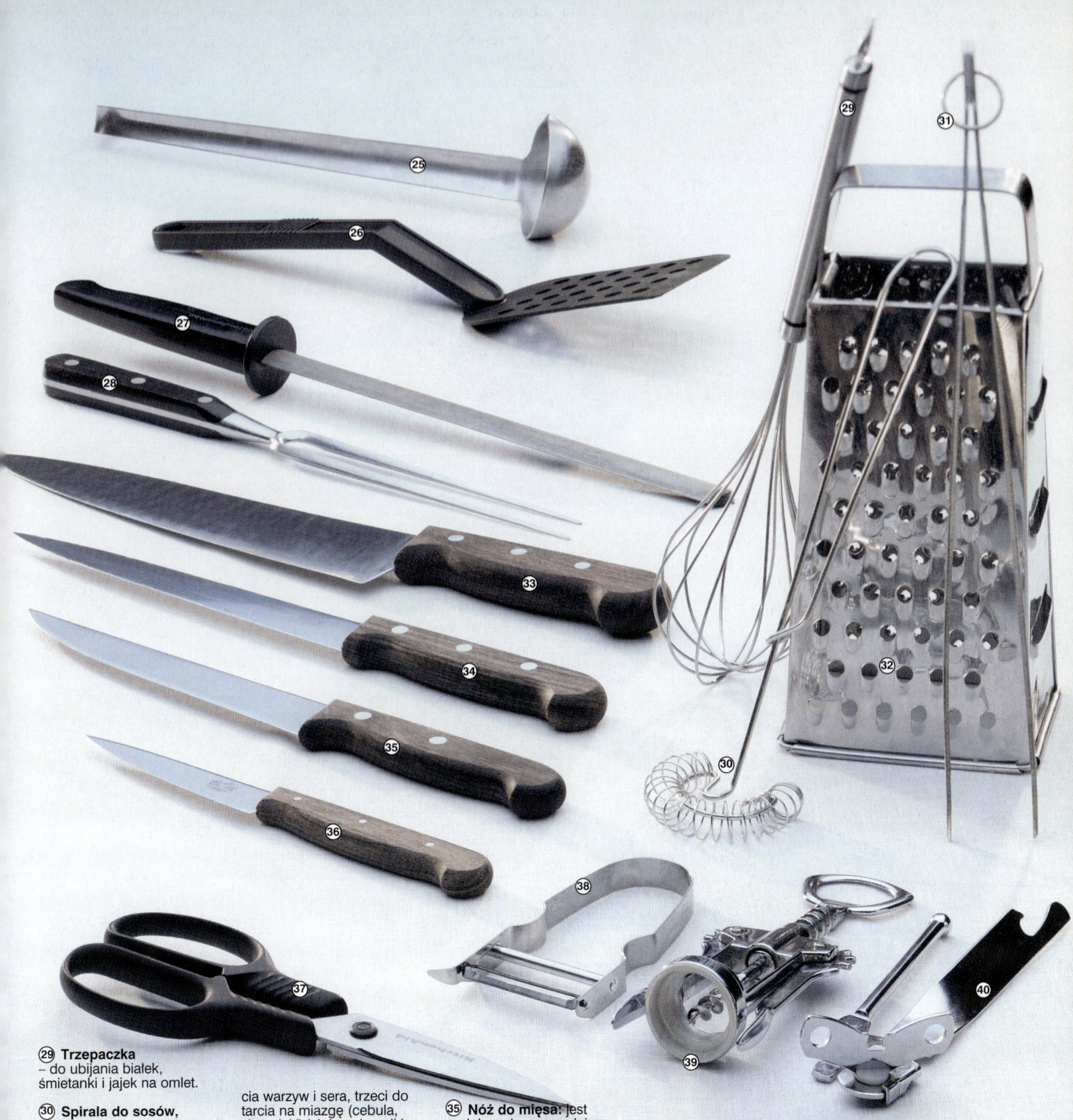

㉙ **Trzepaczka**
– do ubijania białek, śmietanki i jajek na omlet.

㉚ **Spirala do sosów,**
np. do majonezu czy sosu holenderskiego.

㉛ **Szczypce** lub **pęseta**
do odwracania mięsa podczas smażenia.

㉜ **Tarka:** jej dwa boki służą do grubego i drobnego tarcia warzyw i sera, trzeci do tarcia na miazgę (cebula, ziemniaki) i ścierania gałki muszkatołowej. Czwarty bok służy do krojenia w plasterki.

㉝ **Nóż do siekania:**
powinien być duży i ciężki.

㉞ **Nóż do ryby:** najlepszy jest długi, wąski, elastyczny.

㉟ **Nóż do mięsa:** jest podobny do poprzedniego, ale mniejszy i twardszy.

㊱ **Mały nożyk:** właściwie do wszystkiego.

㊲ **Nożyczki:** najlepsze są masywne, z wygodnymi uchwytami.

㊳ **Obieraczka** do warzyw. Idealna do szparagów i robienia wiórków z sera.

㊴ **Uniwersalny otwieracz**
z korkociągiem i otwieraczem do kapslowanych butelek (w uchwycie).

㊵ **Otwieracz do konserw**
i otwieracz do kapslowanych butelek w jednym. Może być wykonany w całości ze stali, czasami ma jednak uchwyty z plastiku. Te są, moim zdaniem, mniej wytrzymałe.

zioła i przyprawy

Bazylia ① ⑦
Jest bardzo aromatyczna. Pachnie przyjemnie, trochę słodko, trochę pikantnie, wszystko zależy od odmiany. Świetnie nadaje się do przyprawiania pomidorów, pasuje także do sosów, masła ziołowego, potraw z jajek, zwłaszcza omletów. Dodaje się ją do ryb, drobiu i wieprzowiny. Z bazylii, orzeszków pinii, parmezanu i oliwy przyrządza się zielone pesto. W pierwszym rzędzie od góry (deska z lewej) widzimy:
① bazylię cytrynową,
② bazylię „genovese" (najlepszą na pesto),
③ bazylię „thai queen" (najczęściej używaną w kuchni tajskiej),
④ bazylię czerwoną „violetto aromatico" (często dodawaną do potraw kuchni włoskiej),
⑤ bazylię pospolitą (tę, którą najczęściej można kupić w doniczkach w sklepach lub wyhodować na parapecie),
⑥ bazylię wielkolistną japońską — karbowaną (o zapachu anyżkowym),
⑦ bazylię sałatową „grande lettuga".

Mięta ⑧ ⑪
Pachnie przyjemnie i orzeźwiająco. Stosuje się ją do dań kuchni orientalnej, arabskiej, tureckiej, greckiej. Robi się z niej herbatki, lody, sorbety. Jest świetna w słodkich i pikantnych (zwłaszcza jogurtowych) sosach, w sałatkach i surówkach (nie tylko owocowych). Można przyprawiać nią pieczony drób i ryby. Anglicy podają sos miętowy do tłustych dań z baraniny. Uwaga: mięta raczej nie pasuje do wieprzowiny! W rządku środkowym widzimy:
⑧ miętę jabłkową,
⑨ miętę koreańską,
⑩ spearmint (to z tej odmiany robi się gumę do żucia),
⑪ miętę korsykańską.

⑫ **Majeranek:** pasuje do dań kuchni śródziemnomorskiej. Dodaje się go do dań z warzyw, poprawia smak ryb i wieprzowiny. W kuchni polskiej przyprawiamy nim zupy (flaki, ziemniaczaną, grochową, żurek), dania z kiszonej kapusty, grochu i fasolki, dodajemy go do domowego smalczyku, pieczonego tłustego drobiu, farszów, pasztetów, wędlin. Generalnie — majeranek świetnie pasuje do większości dań ciężkostrawnych i tłustych.

⑬ **Tymianek:** (na zdjęciu tymianek cytrynowy, odmiana „silver valley") to inaczej macierzanka. Jest bardzo aromatyczny, szczególnie gdy się go rozetrze w palcach. Ma gorzkawy smak. Dodaje się go, podobnie jak majeranek, do dań tłustych i ciężkostrawnych, również do farszów, wędlin i pasztetów. Tymiankiem można przyprawiać większość dań z grochu i fasoli. I trzeba pamiętać, iż bez tymianku nie ma kuchni francuskiej. Suszony tymianek wchodzi bowiem w skład mieszanki ziół prowansalskich, a świeży — związany w pęczek z listkiem laurowym i natką pietruszki — jest konieczny do bouquet garni.

⑭ **Cząber zimowy:** idealna przyprawa do wszystkich roślin strączkowych (po niemiecku nazywa się Bohnenkraut, czyli ziele do fasoli). Pasuje także do dań z mięsa króliczego oraz do ryb. Cząbru używa się do kiszenia i marynowania, szczególnie dobrze się sprawdza w marynatach słodko-kwaśnych. Cząbrem można także aromatyzować ocet winny.

(15) **Rozmaryn:** jest idealną przyprawą do baraniny, jagnięciny i dziczyzny. Znakomicie pasuje do pieczonych ziemniaków. Najczęściej używamy go suszonego, jest bowiem składnikiem ziół prowansalskich. Ale do wielu dań mięsnych i rybnych oraz nalewek, ziołowych octów i likierów konieczny jest rozmaryn świeży. Na szczęście można go bez trudu kupić w supermarketach lub po prostu wyhodować na parapecie. Warto pamiętać, że rozmaryn świetnie pasuje do grzybów i można go dodawać do większości ciemnych ciężkich sosów.

(16) **Oregano:** to inaczej lebiodka albo dziki majeranek. Stosuje się je podobnie jak majeranek zwykły, z tym że oregano jest popularniejsze w kuchni śródziemnomorskiej, zwłaszcza włoskiej i hiszpańskiej, lubi je także kuchnia meksykańska. Bez oregano nie byłoby pizzy i wielu sosów do spaghetti. Świeże oregano znakomicie uwydatnia smak ryb i owoców morza.

(17) **Estragon:** jest aromatyczną, pikantno-korzenną przyprawą do warzyw, potraw z jajek oraz sosów: tatarskiego, holenderskiego, remoulade, pomidorowego, cytrynowego, gribiche i ravigote oraz wielu innych. Estragonem przyprawia się także pieczony drób, ryby, steki i podroby. W kuchni francuskiej popularny jest ocet estragonowy — do sałatek i przetworów. Listki estragonu można także dodawać do napojów i deserów — dzięki nim smak staje się bardziej wyrazisty i orzeźwiający.

(18) **Szałwia:** to znakomita przyprawa do mięs. Szczególnie pasuje do pieczonej baraniny i jagnięciny oraz do cielęciny (znakomicie smakują cielęce sznycle z szynką i szałwią, czyli saltimbocca alla romana). Poprawia smak smażonej wątroby cielęcej i wieprzowej oraz wątróbek drobiowych. Jest świetna do tłustego drobiu, m.in. gęsi i kaczek, do dziczyzny i tłustych ryb, zwłaszcza do węgorza. Można przyprawiać nią zupy jarzynowe oraz dania z roślin strączkowych — dzięki niej są łatwiej strawne. Uwaga: szałwia ma bardzo mocny korzenny zapach — jeśli użyje się jej za dużo, zepsuje smak dania, zamiast go podkreślić.

(19) **Pimpinella:** to inaczej biedrzeniec. Stosunkowo dobrze znany jest biedrzeniec anyż, a raczej jego nasionka o charakterystycznym zapachu, stosowane do aromatyzowania likierów, pierników, syropów oraz do wyrobu olejku. Nie każdy natomiast wie, że młode listki biedrzeńca można jeść — z wyglądu trochę przypominają natkę pietruszki, a smakują ostro, paląco, trochę jak natka, a trochę jak anyż. Można dodawać je do zup oraz do sałatek z sosem śmietanowym (trzeba je tylko wcześniej sparzyć i skropić cytryną). Wchodzą w skład słynnego zielonego sosu frankfurckiego podawanego w Niemczech do wielkanocnych jajek na twardo. Pimpinelli używa się także do sporządzania marynat rybnych, szczególnie dobrze podkreśla smak węgorza. W ogóle tę przyprawę można dodać praktycznie do każdej potrawy, do której zazwyczaj dodaje się natkę lub szczypiorek.

(1) **Chili w proszku:** to przyprawa kuchni meksykańskiej, tajskiej i hiszpańskiej. Pasuje do dań z cebulą, wołowiną, fasolą i kukurydzą.

(2) **Pieprz biały:** pasuje do ryb, potraw z jajek, białych sosów i owoców.

(3) **Pieprz zielony:** to pieprz niedojrzały, łagodniejszy od czarnego. Pasuje do drobiu w sosach i do farszów.

(4) **Tandoori:** to indyjska przyprawa do jagnięciny, kurcząt i ryb. W jej skład wchodzi sól, mielona kolendra, kumin, kurkuma, papryka, pieprz kajeński, czosnek i imbir, czasami skórka cytrynowa lub cynamon.

(5) **Kurkuma:** ma żółty kolor, smak zbliżony do imbiru, a zapach do pieprzu. Pasuje do jajek, warzyw, ryżu, makaronu, drobiu. Wchodzi w skład musztardy i curry.

(6) **Garam masala:** jest popularna w Azji Południowej. W jej skład wchodzi kardamon, goździki, gałka muszkatołowa, cynamon, kumin, kolendra, koper włoski, czarny pieprz i kozieradka.

(7) **Pieprz czerwony:** nie jest krewniakiem zwykłego pieprzu. Ma gładkie ziarna z pestką w środku, pachnie mocniej i jest ostrzejszy. Nie mieli się go, tylko rozgniata. Pasuje do steków, duszonej wołowiny, sosów i sałatek.

(8) **Curry:** to mieszanka kurkumy, kozieradki, kolendry, gałki muszkatołowej, chili, pieprzu, czosnku, kardamonu, goździków, kuminu, cynamonu, imbiru i soli. Pasuje do dań z drobiu, wieprzowiny, baraniny, ryżu oraz warzyw.

(9) **Gorczyca biała:** to dodatek do tłustych mięs i kiełbas, śledzi marynowanych, kapusty, potraw z jajek, sosów. Jest niezastąpiona do kiszenia i konserwowania. Z nasion gorczycy robi się musztardę.

(10) **Chili w płatkach:** używa się jak chili w proszku, ale dodaje do potrawy pod sam koniec gotowania.

(11) **Pieprz czarny:** ma ostry smak. Ten w ziarnach dodaje się na początku, a mielony pod koniec gotowania.

(12) **Sezam:** to dodatek do potraw kuchni tajskiej, chińskiej i wietnamskiej oraz arabskiej. Robi się z niego słodycze i orientalną pastę tahini oraz tłoczy aromatyczny olej.

(13) **Harrisa:** to bardzo ostra tunezyjska pasta z chili i pomidorów. Pasuje do kuskusu i sosów do makaronu.

(14) **Pasta curry żółta:** w jej skład wchodzi czosnek, trawa cytrynowa, szalotki, suszone chili, sól, tajski imbir, kumin, cynamon, anyż gwiaździsty, kurkuma, skórka limonki kaffir i nasiona kolendry. Jest składnikiem tajskich dań typu curry, pasuje świetnie do wołowiny i wieprzowiny. Uwaga: mogą kupować ją także wegetarianie, gdyż zawiera wyłącznie składniki roślinne.

(15) **Pasta curry czerwona:** z chili, czosnku, trawy cytrynowej, soli, szalotek, imbiru tajskiego, pasty krewetkowej i skórki limonki. Jest dodatkiem (dla smaku i koloru) do tajskich zup i marynat oraz potraw smażonych.

(16) **Kardamon w kapsułkach:** to dodatek do dań indyjskich i arabskich. Do potrawy wkłada się całą kapsułkę, a po ugotowaniu wyrzuca.

(17) **Wanilia:** pasuje do słodkich sosów, ciast i deserów. Można przyprawiać nią farsze do drobiu albo masło przeznaczone do smażenia lub duszenia ryb.

(18) **Goździki:** mają miły, korzenny zapach. Pasują do pierników, ciast, deserów z jabłek i gruszek, grzanego wina i piwa. Przyprawia się nimi farsze, pasztety, potrawkę z zająca, duszoną wołowinę, szpikuje pieczoną szynkę i schab, dodaje do słodko-kwaśnych marynat.

(19) **Cynamon:** w Polsce używamy go do ciast, deserów i napojów, ale w kuchniach Wschodu jest przyprawą do mięs, zwłaszcza jagnięciny, służy też do aromatyzowania pikantnych sosów i duszonych mięs. Wchodzi w skład chińskiej przyprawy „Pięć smaków".

(20) **Gwiazdki anyżu:** używamy ich do aromatyzowania kompotów, ciast i sosów. Chińczycy przyprawiają nimi kaczkę, wieprzowinę i dania słodko-kwaśne. W Indiach anyż gwiaździsty to przyprawa do dań typu curry.

㉑ Gałka muszkatołowa: przyprawia się nią korzenne wypieki, ciasta ze śliwkami, serowe suflety, potrawy z ziemniaków, szpinaku, brokułów, kapusty, bakłażanów. Na Środkowym Wschodzie gałką przyprawia się jagnięcinę, w Szkocji haggis, w Anglii puddingi, we Włoszech mortadelę. Wchodzi w skład marokańskiej przyprawy ras el hanout. Świeżo startą gałkę dodaje się do koktajli na bazie śmietanki i jajek, grzanego wina, piwa i ponczu.

㉒ Ziele angielskie: jego angielska nazwa „allspice" określa charakter tej przyprawy: smakuje jak pieprz i jałowiec, pachnie cynamonem, gałką muszkatołową, goździkami. Zielem angielskim przyprawia się mięsa, pikle, marynaty, czatneje, zupy, dania z warzyw, desery.

㉓ Imbir: jest ostro-słodki. Ma mocny, korzenny aromat. W Europie dodaje się go do pierników i ciastek imbirowych oraz piwa, ale najbardziej popularny jest w Indiach, Chinach i Afryce. Możesz kupić imbir świeży (kłącza), suszony, marynowany (ten jest dodatkiem do sushi, je się go pomiędzy jednym a drugim rodzajem), konserwowy, kandyzowany w cukrze oraz mielony. Tajowie polecają imbir mielony przeważnie do deserów i potraw słodkich.

㉔ Koper włoski: dodaje się do przetworów i sałatek, do chleba i sosów. Pasuje do dań z czosnkiem, cebulą i zwykłym koprem. Wchodzi w skład orientalnych mieszanek przyprawowych.

㉕ Szafran: to najdroższa przyprawa świata, zbierana z pręcików krokusów. Używany jest dla smaku i aromatu, ale przede wszystkim dla przepięknego żółtego koloru. Szafran jest koniecznym składnikiem risotta po mediolańsku, paelli, marsylskiej zupy bouillabaise oraz likieru Chartreuse. W sklepach możesz kupić szafran w proszku i w nitkach. Nitek szafranu nie dodaje się bezpośrednio do potrawy. Trzeba je najpierw namoczyć (10 minut) w bulionie, wodzie lub winie (zależy, jakiego płynu używasz do gotowania).

㉖ Czosnek granulowany: może zastąpić świeży, zwłaszcza jeśli potrzebujesz tylko szczypty, np. do sosu czy do natarcia mięsa.

㉗ Kminek: dodaje się do dań tłustych i ciężkostrawnych (baranina, wieprzowina, farsz do kiełbas), przyprawia nim kapustę, buraczki, marchewkę, pieczone ziemniaki. Wchodzi w skład pikantnych i słonych ciast oraz chleba.

㉘ Papryka słodka: ma mocny aromat i słodkawy smak. Jest nie tylko przyprawą, ale i barwnikiem, nadaje zupom, gulaszom i sosom intensywny czerwony kolor. Dodaje się ją do mięs, zup jarzynowych, drobiu, potraw z jajek i białego sera.

㉙ Nasiona kardamonu: przyprawa bardzo popularna m.in. w Indiach i na Sri Lance. Jest najdroższą przyprawą świata po szafranie. Nasionka mają lekko kamforowy zapach i palący, orzeźwiający smak. Rozgniata się je na proszek w moździerzu i używa do aromatyzowania pierników, sałatek owocowych, kompotów, kawy i herbaty oraz przecierów i ciast z jabłek. Szczyptę kardamonu można dodać do rosołu i grochówki, gulaszu wołowego i cielęcego. Podkreśla też smak pasztetu.

㉚ Sól morska: jest destylowana z morskiej wody. Może być drobna lub w grubych kryształkach. Jest zdrowsza od soli kamiennej, a kucharze chwalą ją za mocniejszy i bardziej interesujący zapach. Sól morska różowa (naturalna, bo są także sole sztucznie barwione) pochodzi z Hawajów. Kolor zawdzięcza zawartości związków żelaza. Jest dość droga, ale smakosze uważają ją za najlepszą na świecie, zwłaszcza do steków.

㉛ Anyż w proszku: dodaje się do warzyw (czerwona kapusta, marchewka, szpinak i buraczki), dań słodkich i deserów (pierniki, ciastka, kompoty). Odrobinę — nie za dużo! — tej przyprawy można dodać do dziczyzny.

㉜ Papryka ostra: ma palący smak. Dodaje się ją do potrawy pod koniec gotowania, gdyż przypalona gorzknieje i psuje smak. Popularna na Węgrzech, w Meksyku, w Indiach.

㉝ Kardamon w proszku: używa się go do tych samych potraw co kardamonu w nasionkach. Trzeba tylko uważać, bo zmielony szybko traci piękny aromat.

㉞ Mak niebieski: w Polsce robi się z niego nadzienia do strucli i babek oraz wigilijne desery. Świetnie komponuje się z olejkiem migdałowym i bakaliami. Makiem można posypywać domowe pieczywo. Z ziaren tłoczy się olej — delikatny w smaku, pachnący dodatek do sałatek ziemniaczanych i pomidorowych, do gorzkawych sałat i do surówki z marchwi.

sztuczki, tricki i techniki

A
1
2
3
7
8
9
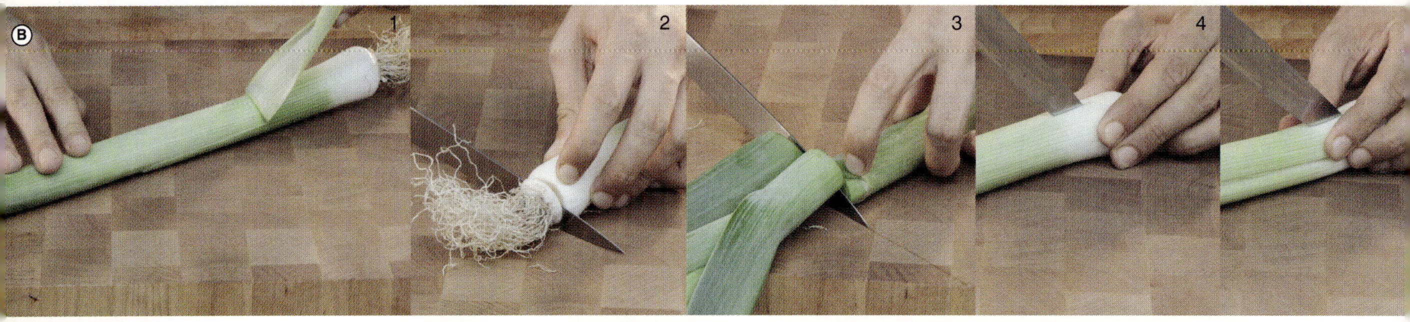
B
1
2
3
4

C
1
2
6
7

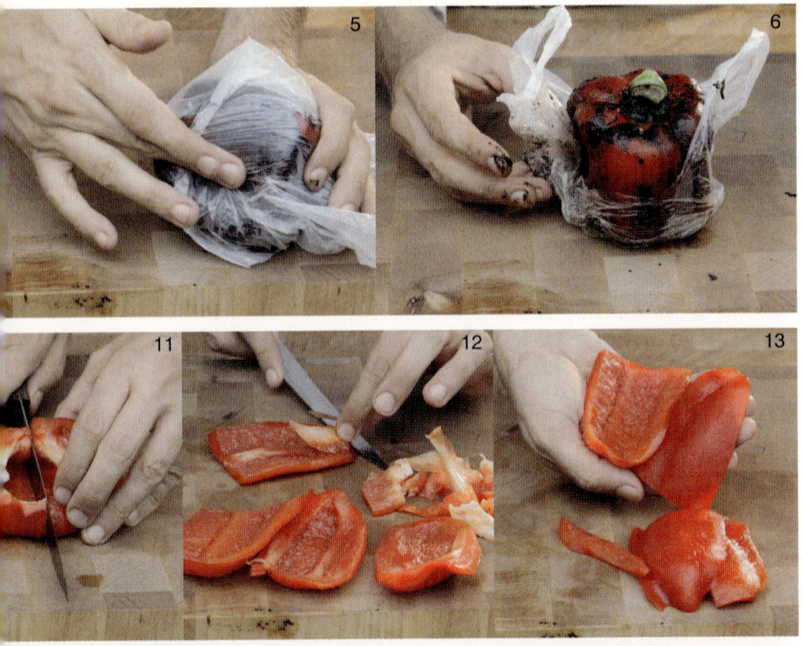

Ⓐ **Obieranie papryki:** widelcem do pieczeni nakłuj szypułkę papryki (1). Weź palnik gazowy i opal płomieniem skórkę, tak aby była cała czarna (2+3). Jeśli nie masz takiego palnika, możesz opalić paprykę nad płomieniem kuchenki gazowej lub posmarować ją oliwą, włożyć do piekarnika i piec, aż skórka sczernieje. Czarną paprykę włóż do foliowego woreczka (4) i zawiąż, a potem przeturlaj po blacie, delikatnie naciskając paprykę (5). Otwórz torebkę i sprawdź, czy skórka odchodzi od miąższu (6), potem obierz paprykę i opłucz ją w zimnej wodzie (7). Przetnij paprykę na pół (8), usuń szypułkę z gniazdem nasiennym (9). Ręką obstukaj wierzch papryki, tak aby wypadły pozostałe nasionka (10). Połówki papryki przekrój jeszcze raz na pół (11) i dokładnie usuń białe, gorzkawe błonki (12). Teraz papryka jest gotowa (13) i możesz zrobić z niej gazpacho, zamarynować w oliwie, zmiksować i ugotować zupę, dodać do sałatki. Na co masz ochotę.

Ⓑ **Czyszczenie porów:** usuń zewnętrzne, uszkodzone liście pora (1). Odetnij samą końcówkę pora z korzonkami (2) — uważaj, aby nie kroić za daleko, bo por się rozpadnie. Odetnij i wyrzuć zielone części pora (3), chyba że przepis każe je zachować. Teraz wbij nóż centymetr od dołu pora i rozetnij wzdłuż do samej góry (4). Odwróć pora o 90 stopni i zrób takie samo nacięcie (5). We Francji nazywa się to robieniem wachlarza. Teraz rozchyl liście pora i dokładnie wypłucz przestrzenie między nimi pod bieżącą, zimną wodą (6). Pora pokrój w plasterki (7+8), zaczynając od góry i kierując się ku dołowi. Kierunek jest ważny, bo dzięki temu por straci nadmierną ostrość.

Ⓒ **Faszerowanie:** wywiń rękaw, tak aby powstał mankiet (1). Wsuń do środka wybraną końcówkę, a potem odwiń mankiet i wciśnij od środka rękaw do końcówki (2). W ten sposób zapobiegniesz wypadaniu farszu. Potem ponownie odwróć rękaw, lewą ręką złap końcówkę w środku mankietu (3), a prawą nałóż porcję farszu (4). Ponownie odwiń mankiet (5), a rękaw skręć ponad farszem tak, aby uszło powietrze (6). Wygładź ręką (7), a potem naciśnij na rękaw, aby farsz znalazł się w końcówce (8). Teraz wyciskaj porcje farszu lub wzorki z kremu (9+10), a gdy poczujesz, że kremu jest coraz mniej, ponownie skręć rękaw (11). Pamiętaj, że końcówkę dostosowuje się do rodzaju farszu: jeśli są w nim kawałeczki, końcówka musi mieć większy otwór.

D
1

E
1
2
3

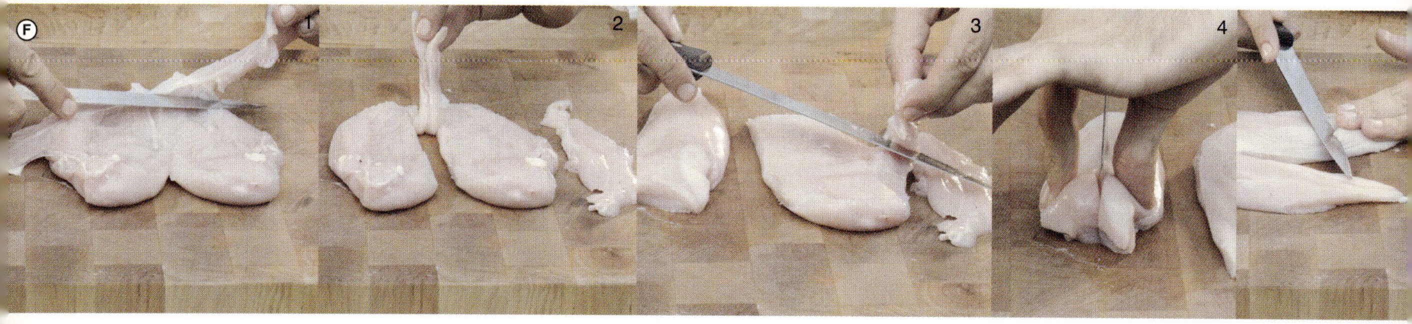
F
1
2
3
4

G
1
2
3
4

H
1
2
3
4

Ⓓ **Wyciskanie cytrusów:** aby cytrusy były bardziej soczyste, przed przekrojeniem trzeba je „zmaltretować" (1-3). Ułóż owoc na desce do krojenia i naciśnij ręką, a potem kilkakrotnie przeturlaj po desce tam i z powrotem, cały czas naciskając. Jeśli chcesz wycisnąć tylko nieco soku do herbaty, nie przecinaj całej cytryny, tylko wbij do niej wykałaczkę i naciśnij. Sok będzie kroplami skapywał po wykałaczce. Potem możesz wyjąć wykałaczkę i schować cytrynę do lodówki — dzięki temu nie obeschnie.

Ⓔ **Robienie sosu winegret**: do słoika lub shakera włóż musztardę (1), wlej ocet (2) i oliwę (3), dodaj pieprz (4) i sól (5), zakręć i energicznie potrząśnij (6). Gdy otworzysz słoik lub shaker, w środku powinna być emulsja (7). Jeśli jest zbyt gęsta, wlej nieco letniej wody i jeszcze raz wymieszaj. Sos, którego nie zużyłeś, możesz włożyć do lodówki w zamkniętym słoiku. Nie przejmuj się, że się rozwarstwi, bo wystarczy, że przed ponownym użyciem mocno potrząśniesz słoikiem. Pamiętaj, że gdy już masz sos podstawowy, możesz dodać do niego posiekane zioła lub szalotki, szczyptę curry lub chili, roztarty czosnek — na co tylko masz ochotę. Jeśli chcesz przyprawić sos suszonymi ziołami, zalej je najpierw octem winnym. Po godzinie przelej ziołowy ocet do słoika razem z oliwą i musztardą, i dalej postępuj tak samo jak wyżej.

Ⓕ **Krojenie mięsa w cienkie plasterki** (ważne m.in. w kuchni tajskiej): umyj pierś kurczaka, odetnij małe fileciki spod spodu (1). Potem odkrój zbędny tłuszcz i usuń błonki z mięsa (2+3). Filet przetnij wzdłuż na połowę (4). Przytrzymaj końcówkę jednej porcji mięsa palcami, odetnij cienki plasterek, prowadząc nóż ukośnie w dół, tak abyś czuł, że nóż przesuwa się bezpośrednio pod palcami (5). Otrzymasz cieniutki plasterek (6). Tak samo pokrój resztę mięsa (7). Identycznie pokroisz np. wołowinę, która dzięki temu stanie się bardziej krucha, gdyż przetniesz dłuższe włókna.

Ⓖ **Robienie karmelu:** przygotuj pędzel kuchenny, drewnianą łopatkę, pocięte na prostokąty białe kartki (do sprawdzania koloru) i miseczkę z wodą. Na zimnej patelni rozsyp cukier w jednej warstwie (1). Podgrzewaj na małym ogniu (2). Cukier zacznie się topić najpierw przy brzegach patelni. Weź wilgotny pędzel, przeciągnij wzdłuż stopionego cukru i odklej go (3). Wymieszaj drewnianą łopatką stopiony cukier, aby się równo karmelizował (4+5). Pamiętaj — ogień nie może być za mocny. **Nigdy nie próbuj gorącego karmelu, bo oparzysz sobie język i podniebienie!** Weź papierek, włóż do karmelu i sprawdź kolor (6+7). Jasnego karmelu używaj do dekoracji, ciemnego do crème caramel. Aha, jeszcze jedno: aby oczyścić patelnię po karmelu, wlej na nią wodę i zagotuj. Gdy karmel się rozpuści, wylej go, a patelnię umyj. Nie szoruj resztek karmelu — to nic nie da, a zniszczysz patelnię.

Ⓗ **Kawior z bakłażana**: bakłażana umyj i przekrój wzdłuż na połowę, nie usuwając szypułki (1). Obie połowy ponacinaj w kratkę od strony miąższu (2), skrop oliwą (3), posól i popieprz (4). Upiecz połówki bakłażanów w piekarniku rozgrzanym do temperatury 160 stopni z włączonym termoobiegiem. Trwa to 30-40 minut. Gdy nakłujesz miąższ nożem lub widelcem i nie poczujesz oporu, bakłażan jest gotowy. Jeśli nie — zostaw go w piekarniku jeszcze na kilka minut. Łyżeczką wyjmij miąższ (5), trzymając połówki bakłażana za szypułki. Miąższ posiekaj (6+7). Tak przygotowany „kawior" możesz dodawać do sałatek, makaronu, dań tureckich. Możesz też zmiksować go z czosnkiem i kolendrą, przyprawić szczyptą garam masala, wymieszać z pokrojonymi pomidorami i podawać na przystawkę z białym chlebem.

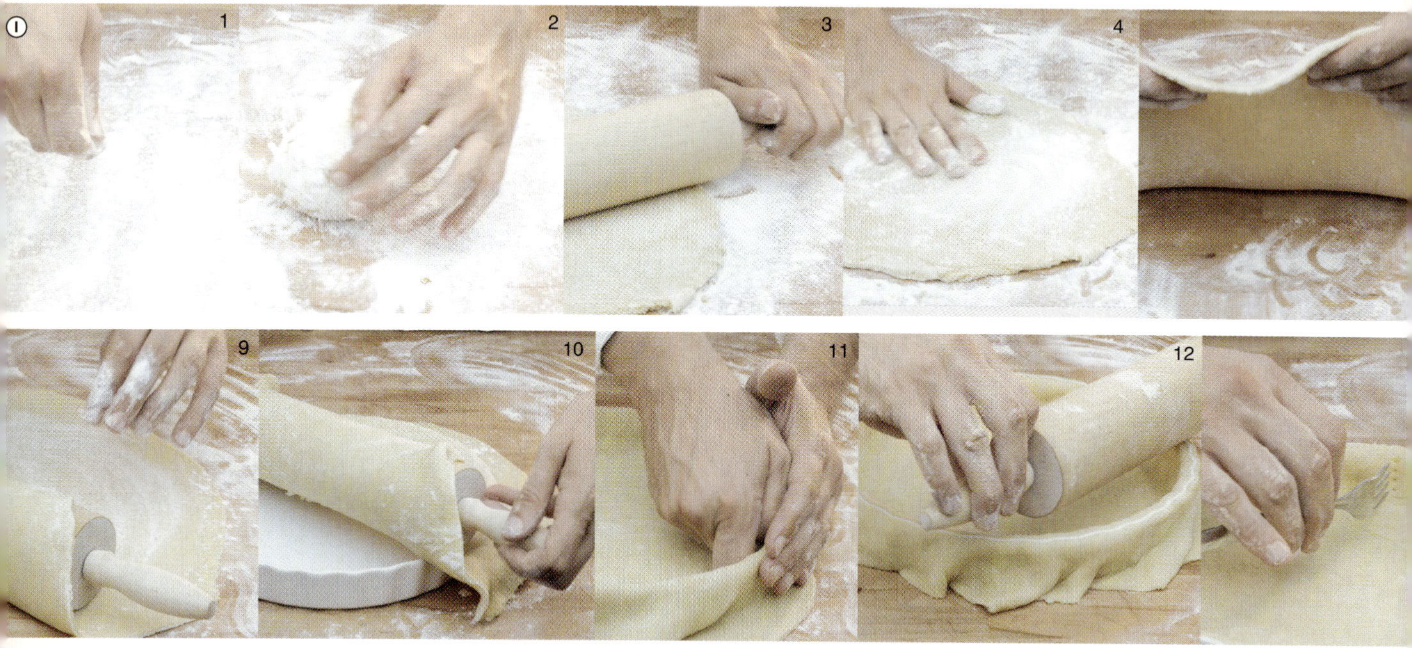
I
1
2
3
4
9
10
11
12

J
1
2
3
4
8
9
10

K
1
2
3

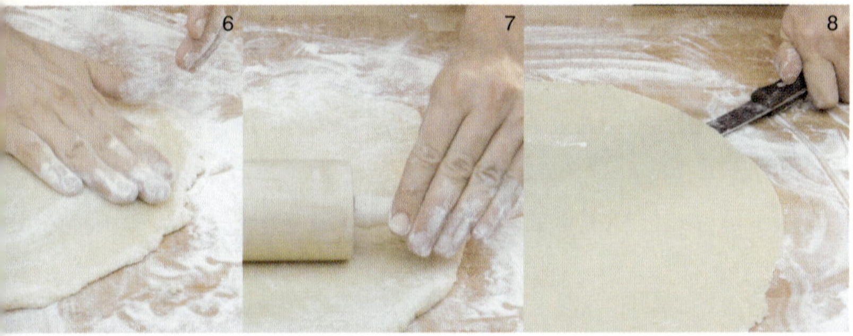

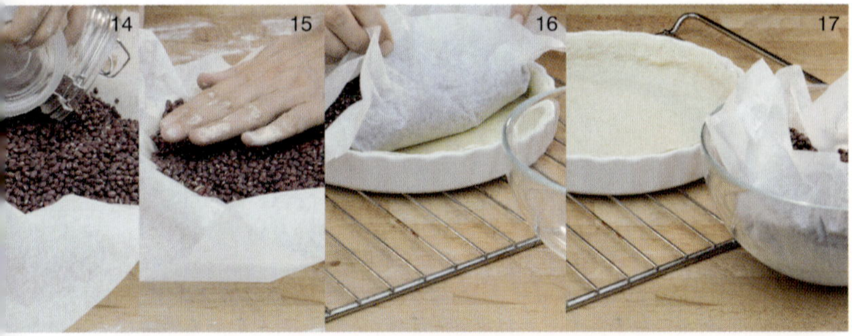

Ⓘ **Przygotowanie tarty:** wcześniej przygotowane kruche ciasto musisz schłodzić w lodówce, a potem wyjąć i przełożyć na stolnicę oprószoną mąką (1). Króciutko zagnieć, aby ciasto zrobiło się elastyczne (2), a potem rozpłaszcz je (3+4) dłonią zanurzoną w mące. Teraz rozwałkuj na placek (5), a potem przesuń długim, wąskim nożem pod spodem ciasta, aby odkleić je od stolnicy (6). Placek podnieś (7), podsyp pod spód mąkę, odwróć na drugą stronę i znowu wałkuj (8). Jeśli trzeba, powtórz te czynności kilka razy, aż placek będzie większy, niż forma, w której zamierzasz upiec tartę. Następnie nawiń placek na wałek (9), tak aby zwisało jakieś 10 cm ciasta. Ostrożnie przykryj ciastem natłuszczoną formę na tartę (10) — ciasto powinno luźno układać się w formie, nie może być naprężone. Potem doklej od środka ciasto do boków formy (11). Przejedź zanurzonym w mące wałkiem wzdłuż brzegów formy, wówczas odpadnie ciasto zwisające poza formę (12). Spód i boki ciasta ponakłuwaj widelcem (13). Ciasto przykryj kawałkiem pergaminu i posyp suszoną fasolą lub grochem (14). Robi się to po to, aby ciasto nie wybrzuszyło się w trakcie pieczenia. Wyrównaj groch (15), ciasto wstaw do piekarnika i piecz 15-20 minut w temp. 160 stopni (z włączonym termoobiegiem). Usuń papier razem z fasolą (16) — ciasto powinno być podpieczone, ale wciąż białe. Potem piecz je jeszcze 5 minut i przestudź (17). Teraz możesz nakładać już nadzienie i piec jeszcze tak długo, jak tego wymaga przepis. O ile nie zamierzasz po raz trzeci wstawiać ciasta do piekarnika, bo np. chcesz pokryć je od razu kremem i owocami, musisz drugi etap pieczenia przedłużyć do 15 minut i wyjąć dopiero, gdy ciasto będzie rumiane.

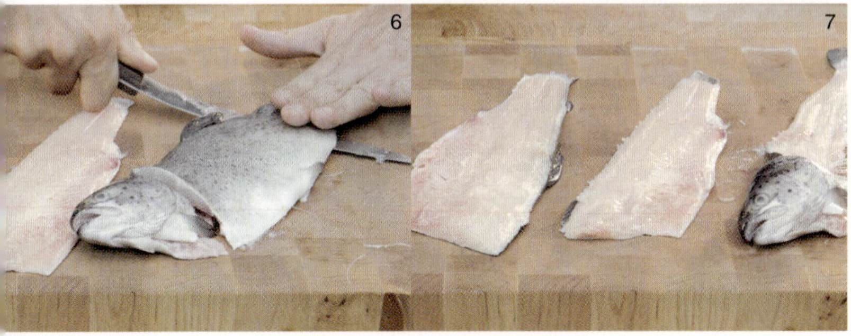

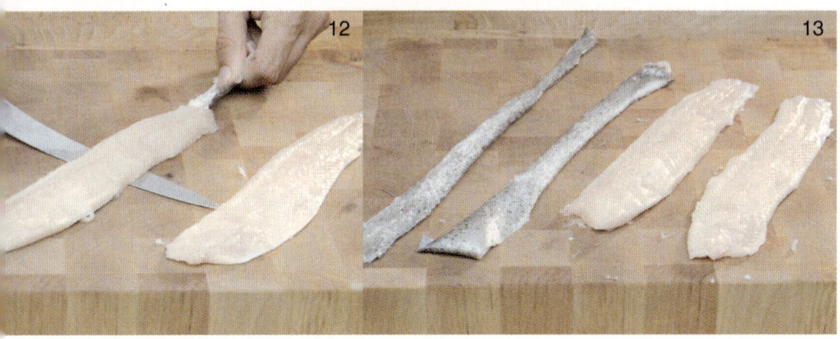

Ⓙ **Filetowanie ryby:** jeśli kupiłeś rybę surową (nie mrożoną) najpierw sprawdź jej świeżość. Musi mieć błyszczące oczy, czerwone, śliskie skrzela, mocno przylegającą łuskę i świeży zapach. Rybę oskrob, oczyść i przystąp do filetowania: przygotuj wąski, długi, elastyczny nóż do ryby (1). Natnij rybę za skrzelami, prowadząc nóż w dół (2). Gdy poczujesz opór, to znaczy, że nóż doszedł do kręgosłupa. Wówczas odwróć nóż (nie wyjmując go z ryby) o 90 stopni i prowadź dalej wzdłuż kręgosłupa w kierunku ogona (3+4). Ostrożnie zdejmij i odłóż gotowy filet. To samo zrób z drugiej strony ryby (5+6). Masz teraz 2 ładne filety oraz kręgosłup z głową i ogonem (7). Nie wyrzucaj kręgosłupa, bo możesz na nim ugotować wywar rybny (najlepszy jest z ryb o chudym mięsie). Teraz usuń pozostałe ości z filetów, prowadząc płasko nóż wzdłuż mięsa (8). Odetnij tłuszcz, wyrównaj brzegi filetów (10), wsuń nóż pomiędzy mięso i skórę (11) i oddziel skórę, leciutko naciskając na nóż (12+13). W niektórych przepisach smaży się ryby ze skórą, ale wtedy musisz wpierw bardzo dokładnie oczyścić rybę z łusek.

Ⓚ **Kąpiel wodna:** przygotuj garnek, wlej do niego wodę do 5 cm wysokości (1). Zagotuj. Połam czekoladę, nie wyjmując jej z opakowania (2). Możesz np. uderzyć nią kilka razy o blat. Czekoladę włóż do metalowej miseczki z okrągłym dnem (3), a tę ustaw na garnku z gotującą się wodą (4). Dno miseczki nie może dotykać powierzchni wody. Jeśli chcesz sprawdzić, czy topisz czekoladę w dobrej temperaturze, co jakiś czas wyjmij miseczkę i dotknij ręką jej dna (5). Powinno być ciepłe, nie może cię jednak sparzyć. Jeśli jest za gorące, zmniejsz płomień, bo czekolada się zwarzy (zwarzoną czekoladę uratujesz, jeśli dodasz do niej 1-2 łyżki śmietanki i wymieszasz). Czekoladę rozpuszczaj do końca na minimalnym ogniu, mieszając drewnianą łyżką (6). Uwaga: czekoladę możesz także rozpuścić w mikrofalówce, ustawiając dość krótki czas i niską moc.

L
1
2
3
7
8
9

M
1
2
3
8
9
10
11

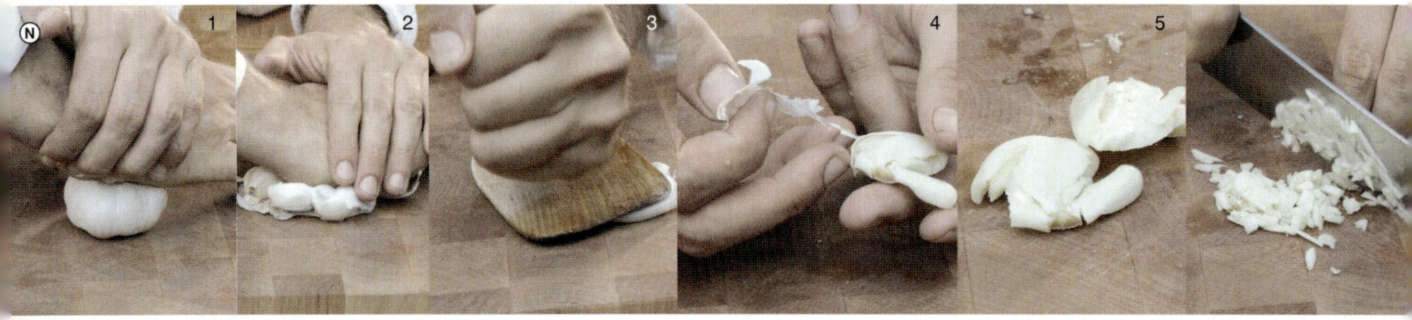
N
1
2
3
4
5

Ⓛ **Robienie grzanek:** tosty okrój ze skórki (1). Potem pokrój w paseczki (2), a następnie w kostkę (3). Rozrzuć je po desce, aby się nie sklejały (4). Weź ząbek czosnku w łupince, ułóż go na desce, zmiażdż drewnianą łopatką (5). Na patelnię wlej dość sporo oliwy (6), do zimnej wrzuć czosnek razem z łupiną (7). Podgrzewaj na małym ogniu, aż czosnek zacznie skwierczeć. Wtedy wrzuć grzanki (8), wymieszaj, aby całe pokryły się oliwą (9). Smaż na rumiano (10), co jakiś czas potrząsając patelnią. Grzanki przełóż do miseczki wyłożonej papierowym ręcznikiem, aby odciekły z nadmiaru tłuszczu (11). Posól i popieprz (12), podawaj do zup i sałatek. Gdy przełożysz grzanki do miseczki, możesz posypać je natką lub jakąś ulubioną przyprawą.

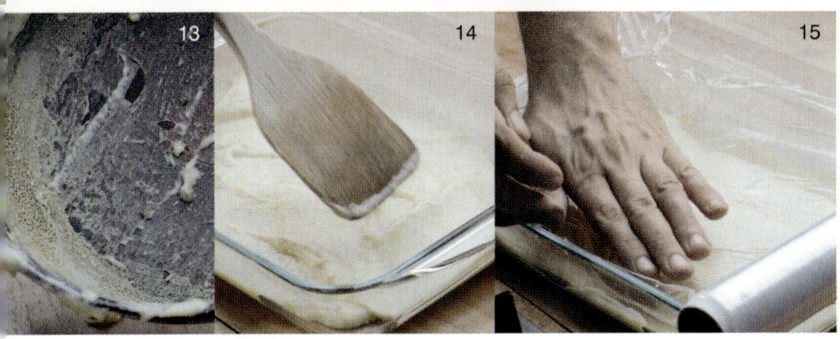

Ⓜ **Budyń podstawowy,** czyli krem cukierniczy: zagotuj litr mleka (do środka możesz wrzucić rozkrojoną laskę wanilii, jeśli lubisz budyń waniliowy). Do miski włóż 8 żółtek (1). Białka nie będą ci potrzebne, ale koniecznie pozostaw je, jeśli zamierzasz zrobić suflet (białka muszą być czyste, bez śladu żółtka, bo się nie ubiją). Do żółtek wsyp 250 g cukru (2), wymieszaj (3) utrzyj na jednolity, puszysty kogel-mogel (4+5). Pamiętaj, że dobrze utarte żółtka powinny trzykrotnie powiększyć swoją objętość. Do puszystej, jasnokremowej masy wsyp 125 g przesianej mąki (6). Jeśli chcesz ugotować budyń czekoladowy, razem z mąką dodaj do masy kakao. Do masy powoli wlewaj połowę wrzącego mleka, cały czas mieszając trzepaczką (7). Resztę mleka gotuj dalej (8), uważając, aby nie wykipiało. Do wrzącego mleka wlej masę żółtkową (9), gotuj na mocnym ogniu, stale mieszając trzepaczką, aż się zagęści (10). Teraz wyjmij trzepaczkę i gotuj minutę, aby w budyniu zrobił się „wulkan" (11). Ceramiczne lub szklane naczynie napełnij budyniem (12). Zobacz: garnek, w którym gotował się budyń, jest praktycznie czysty, bo cały budyń się odkleił (13). Teraz wyrównaj powierzchnię budyniu (14), przykryj przezroczystą folią kuchenną (15), aby na powierzchni budyniu nie powstał nieapetyczny kożuch.

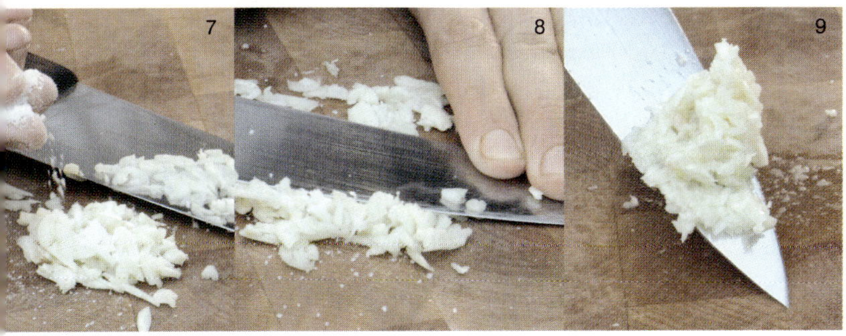

Ⓝ **Robienie pasty czosnkowej** (dla tych, którzy nienawidzą mycia praski do czosnku): nieobraną główkę czosnku naciśnij mocno ręką (1+2) lub drewnianą łyżką (3). Usuń łupinki i rdzeń — w młodym czosnku jest on zielony, w starych ząbkach biały. Usuwa się go, bo to on najszybciej przypala się w trakcie smażenia i gorzknieje (4+5). Czosnek grubo pokrój (6), a potem oprósz solą (7) i rozetrzyj na desce szerokim nożem (8). Masz już gotową pastę (9), którą możesz smarować grzanki lub używać do przyprawiania.

O
1
2
3
4
5

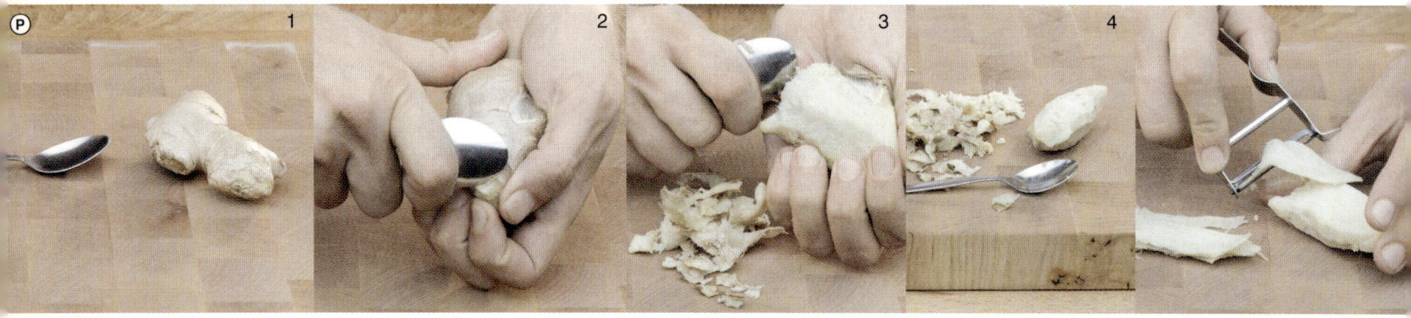
P
1
2
3
4

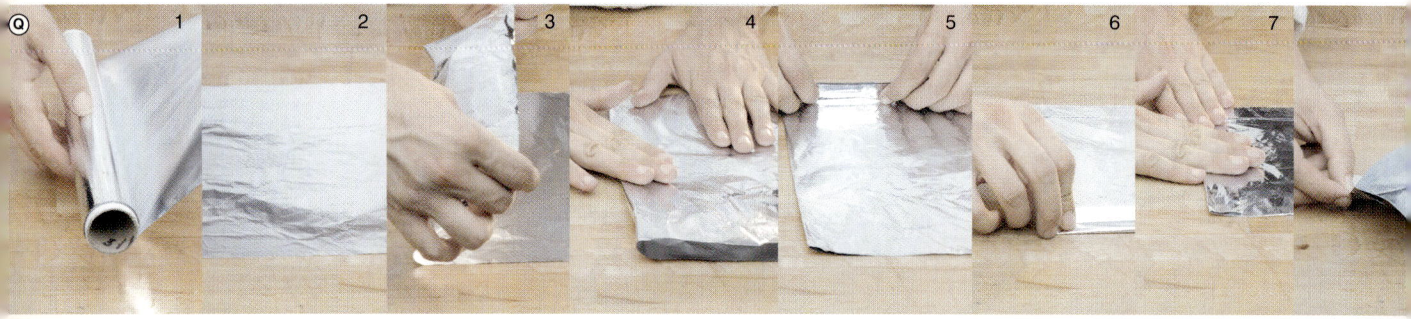
Q
1
2
3
4
5
6
7

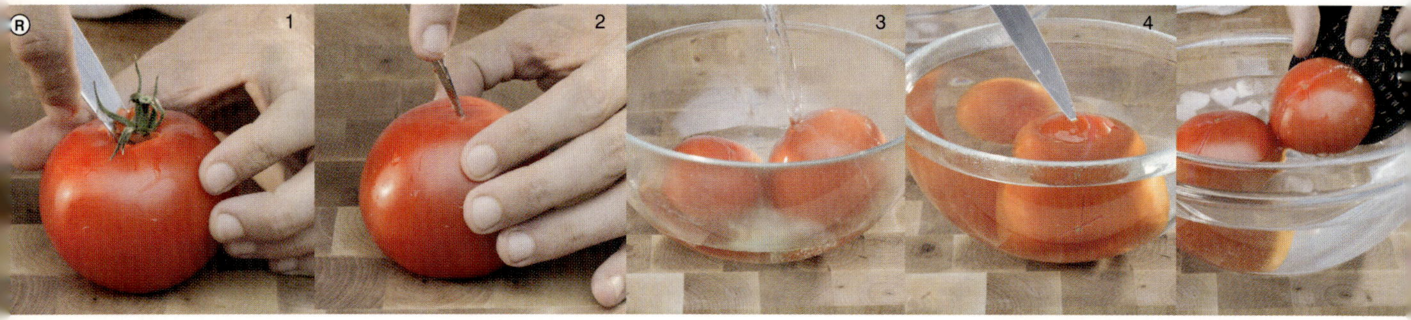
R
1
2
3
4

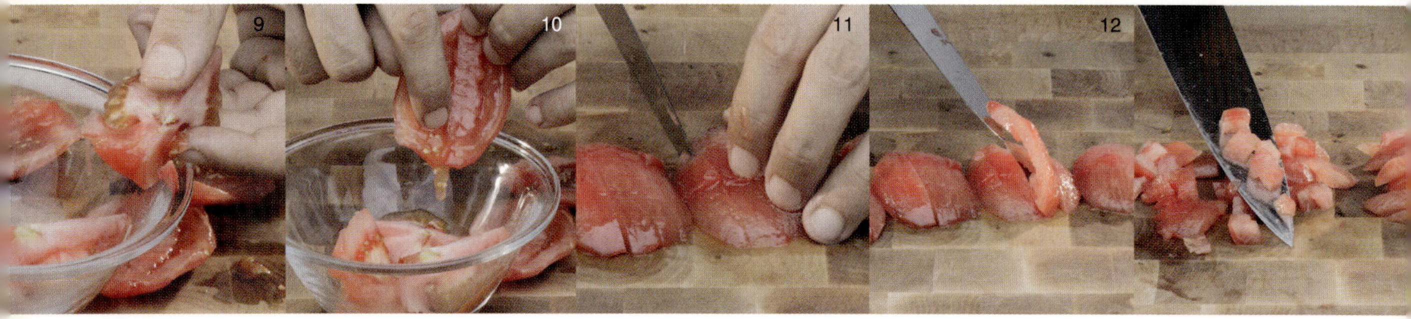
9
10
11
12

Ⓞ **Filetowanie cytrusów:** ostrym nożem płasko odetnij oba końce pomarańczy (1+2). Zetnij paski skórki, prowadząc nóż pomiędzy miąższem a wewnętrzną białą skórką (3+4). Potem oczyść obraną pomarańczę z resztek białej skórki (5) i zacznij robić fileciki. Podsuń miseczkę na skapujący sok. Pomarańcze filetuje się, jakby się otwierało książkę. Przesuń nożem wzdłuż jednej z błonek do środka pomarańczy (6). Gdy oddzielisz filecik od jednej „strony książki", odwróć nóż o 90 stopni i przesuń nim ku górze, wzdłuż drugiej błonki (7). Zobacz: już masz dwie otwarte „strony", spomiędzy których wypada filecik (8). W taki sam sposób otwórz resztę „książki" i wytnij inne fileciki (9). Teraz mocno wyciśnij resztki pomarańczy, aby odzyskać cały sok (10). Uwaga: jeśli chcesz przechować fileciki przez 2-3 dni (w lodówce), wycinaj cząstki w rękawiczkach.

Ⓟ **Przygotowanie imbiru:** odetnij kawałek kłącza imbiru (1), oskrob ze skórki za pomocą łyżeczki (2-4). Skrobaczką do warzyw pokrój na cieniutkie płatki (5), a potem ułóż je jeden na drugim (6) i cieniutko pokrój w paseczki, czyli julienne (7+8).

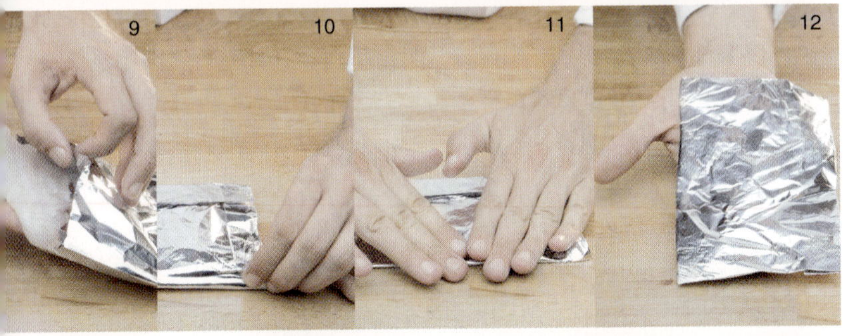

Ⓠ **Kieszeń z folii aluminiowej** (do grillowania, pieczenia, gotowania na parze): przygotuj pas folii aluminiowej długości 60 cm (1+2). Złóż go na połowę — teraz ma 30 cm (3). Zagnij boki po 2 cm z każdej strony (4+5). Powstanie kieszeń otwarta z jednej strony (6). Teraz zagnij 2 cm na dole kieszeni (dół nie jest otwarty, ale trzeba go wzmocnić) i ponownie oba boki (7). Kieszeń wygładź (8), powtórz opisane w punkcie 7 czynności (9). Otrzymasz zgrabną i mocną torebkę (10). Rozchyl ją (11), do środka włóż przygotowany produkt i dodaj nieco płynu (wina, bulionu) lub kawałek masła. Włóż także odpowiednie przyprawy, ew. 1-2 gałązki świeżych ziół. Kieszeń szczelnie zamknij (zagnij brzeg podwójnie, a nawet potrójnie), ułóż na grillu, nad parą lub w piekarniku. Danie w środku jest gotowe, gdy kieszeń spuchnie od pary, która nie będzie miała ujścia.

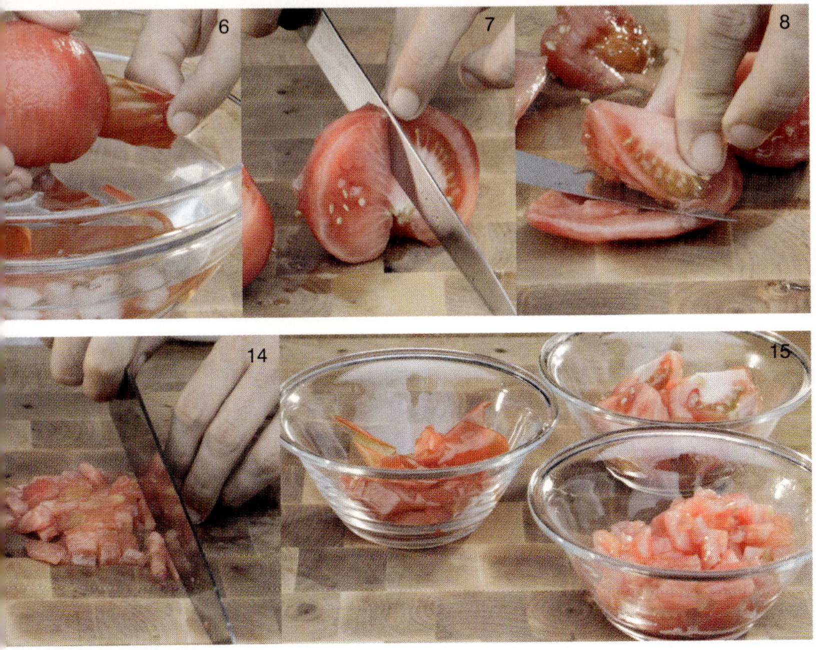

Ⓡ **Obieranie pomidorów**: zagotuj wodę w garnku lub czajniku. Wytnij dość głęboko szypułkę pomidora (1), a z drugiej strony zrób nacięcie w kształcie krzyża (2). Pomidory włóż do miseczki i zalej taką ilością wrzącej wody, aby były przykryte (3). Sprawdź, czy skórka zaczyna się oddzielać (4), przełóż pomidory do wody z lodem (5), aby je zahartować, a potem wyjmij i obierz ze skórki (6). Skórek nie wyrzucaj, tylko przełóż do miseczki. Pomidory pokrój na ćwiartki (7), palcami lub łyżeczką wyjmij pestki do miseczki (8). Możesz także wykroić nożem środki z pestkami (9). Środków z pestkami nie wyrzucaj, tylko przełóż do oddzielnej miseczki (10). Sam miąższ przełóż na deskę (11), pokrój w paseczki (12), a następnie w kosteczkę (13+14). Pokrojony miąższ przełóż do miseczki, ustaw obok miseczek ze skórkami i pestkami (15). Teraz uważaj: jeśli wrzucisz skórki pomidorów na głęboki tłuszcz, szybko wyjmiesz, osączysz na papierowym ręczniku, posolisz i popieprzysz, uzyskasz bardzo ładne pomidorowe chipsy, świetne do dekoracji sałatek, makaronu, risotta. Resztki miąższu z pestkami możesz zmiksować, włożyć do garnka i gotować. Gdy oddzieli się woda, a na górę wypłynie miąższ, wyjmij go, wymieszaj z octem, oliwą i kaparami — powstanie przepyszny pomidorowy winegret do sałatek. Pamiętaj, że w kuchni nic nie może się zmarnować! Oczywiście czysty miąższ pomidorów to podstawa miliona potraw: zup, sosów, sałatek, warzywnych koktajli itd.

zupy

Ma fajny kolor i intensywny smak. Jest przezroczysta, ale gęsta, bo przezornie wrzuciłem do niej drobniutki makaron.

włoska zupa pomidorowa

w ogóle nie przypomina polskiej. Ale to nie powód, aby się do niej uprzedzać.

Wlej olej do garnka, do zimnego oleju wrzuć cebulę i seler. Posól, zeszklij. Dodaj pomidory, smaż minutę na ostrym ogniu. Wrzuć makaron, wlej bulion. Gotuj, a gdy makaron będzie al dente, przypraw do smaku (nie sól za dużo, bo bulion jest słony). Posyp natką i dodaj po łyżce Ramy Cremefine do każdej porcji.

4 20'

3 łyżki oleju
1 posiekana cebula
2 duże łodygi selera naciowego obrane z włókien i pokrojone w plasterki
sól, pieprz
3 pomidory sparzone, obrane, oczyszczone z pestek (patrz strona 28) i pokrojone w kostkę
4-5 łyżek drobnego makaronu do zup
1,5 l bulionu z kostki Knorr (rosół warzywny lub rosół drobiowy)
pół garści listków natki
1 szklanka gęstej śmietany 22-proc.

4 25'

3 łyżki margaryny
3 cukinie pokrojone w kostkę
sól, pieprz i gałka muszkatołowa
1 litr bulionu z kostki Knorr (rosół warzywny)
1 starty surowy ziemniak
pokrojona w paseczki bazylia (kilka listków)
80 dag startego cheddara
kilka płatków chili

zupa z cukinii

wcale nie jest tak delikatna, jak można byłoby się spodziewać. Smaku dodaje jej cheddar – jeden z moich ulubionych serów, a ostrości chili. Do tego polecam grzanki albo groszek ptysiowy.

W garnku rozpuść margarynę, wrzuć cukinie, posól, aby szybciej puściły sok. Dodaj ziemniaka, wlej wrzący bulion, gotuj, aż ziemniak będzie zupełnie miękki. Wtedy zmiksuj „żyrafą", przypraw solą, pieprzem i gałką, jeszcze raz zagotuj. Posyp bazylią, cheddarem i chili. Zupa jest gęsta i esencjonalna – jeśli wolisz rzadszą, możesz dodać do niej trochę mleka lub wody, czyli „wywaru naturalnego".

zupa parmezanowa z pietruszką

to jedna z wariacji na temat smaków, które pamiętam z wakacji. Mogłaby pochodzić z Parmy w regionie Emilia-Romania. Ciekawe, co na to Włosi?

Zagotuj bulion i zdejmij z ognia. Wymieszaj jajka z parmezanem (odłóż trochę parmezanu do posypania zupy), wlej do gorącego bulionu, stale mieszając. Ponownie ustaw na ogniu, gotuj, aż zaczną tworzyć się grudki. Przypraw solą, pieprzem i świeżo startą gałką muszkatołową, posyp natką i resztą parmezanu.

4 15'

1,5 l bulionu z kostki Knorr (rosół wołowy)
5 lekko ubitych jajek
75 g startego parmezanu
gałka muszkatołowa
sól, pieprz
1 pęczek posiekanej natki

Wpadli znajomi – oczywiście głodni. Nie ma czasu na gotowanie, no to robię najszybszą na świecie

zupę z zielonymi oliwkami i grzankami

Całe szczęście, że mam moją „żyrafę", czyli twister!

Zrób grzanki: w rondlu rozgrzej 3 łyżki oliwy, wrzuć czosnek, krótko podsmaż, włóż pokrojone tosty i wymieszaj, aby nasączyły się czosnkową oliwą. Smaż, aż się przyrumienią, osącz z tłuszczu w miseczce wyłożonej papierowym ręcznikiem. Zagotuj 2 szklanki wody z resztą oliwy i kostką bulionową. Wrzuć oliwki, gotuj 5 minut. Zmiksuj zupę żyrafą, dodaj mascarpone, jeszcze raz zmiksuj i zagotuj. Przypraw pieprzem, ewentualnie posól, ale nie za dużo, bo oliwki są słone. Grzanki włóż do miseczek, polej zupą i posyp natką.

4 | 15'

8 łyżek oliwy
1-2 ząbki czosnku rozgniecione razem z łupinami
4 tosty bez skórki pokrojone w kostkę
1 kostka bulionowa Knorr (bulion z oliwą z oliwek i ziołami)
350 g wypłukanych i posiekanych zielonych oliwek
2 łyżki mascarpone lub serka homogenizowanego
kolorowy pieprz, ew. nieco soli
pół garści posiekanej natki

Wyobraź sobie robotników na plantacji trzciny. Świszcze bat nadzorcy, sił ubywa, chce się jeść. Nadchodzi wieczór, wreszcie koniec pracy. Pora na

zupę niewolników

Jest gęsta, piekielnie ostra, pyszna. Już nikt nie jest zmęczony. Ktoś zaczyna śpiewać, ktoś tańczy...

Zagotuj litr wody, rozpuść w nim kostki bulionowe, gotuj minutę. Wrzuć wszystkie składniki, gotuj 15-20 minut, zmiksuj, a na koniec przypraw do smaku. Jeśli chcesz gotować zupę tak jak to robili niewolnicy, użyj suszonej fasoli (wcześniej namoczonej przez noc) i gotuj co najmniej 3 godziny.

4 | 30'

2 filiżanki (400 g) osączonej czerwonej fasoli z puszki
100-120 g mielonej wieprzowiny
1 grubo pokrojona cebula
3 papryczki jalapeño pokrojone na kawałeczki (jeśli zupa ma być ostra, nie wyrzucaj nasionek)
2 kostki bulionowe Knorr (rosół z kury)
sól, pieprz

aksamitna zupa z bobu

ma smak wakacji i kolor letniej trawy. Jest gęsta, można jeść ją samą, ale w paryskim bistro dostaniesz do niej grzanki z kozim serem. Pycha!

Uwaga na początek: zupę cały czas gotuj bez pokrywki – jeśli ją przykryjesz, straci soczysty zielony kolor. W garnku stop masło, wrzuć sałatę i duś 3 minuty. Nie przykrywaj! Dodaj bób i połowę fasolki, wlej bulion, zagotuj. Zmniejsz ogień, gotuj 20 minut. Resztę fasoli ugotuj w wodzie posolonej solą morską. Zupę zmiksuj „żyrafą", dodaj śmietanę, gotuj jeszcze przez chwilę. Przypraw do smaku. Ugotowaną fasolkę pokrój na centymetrowe kawałeczki, dodaj do zupy. Posyp czerwoną cebulą.

4 30'

400 g ugotowanego i wyłuskanego bobu
1,5 l bulionu z kostki Knorr (rosół z kury z pietruszką i lubczykiem)
100 g (2 garści) obranej z włókien fasolki szparagowej
2 łyżki masła
1 główka poszatkowanej sałaty
sól morska, pieprz
gałka muszkatołowa
200 ml śmietany 36-proc.
pokrojona w piórka czerwona cebula do posypania

4 porcje, 20'

1 filet z piersi kurczaka
200 g kukurydzy z puszki
1 posiekana czerwona cebula
1 papryczka chili oczyszczona i posiekana (razem z nasionkami)
1 kostka bulionowa Knorr (rosół z kury)
1 łyżka mąki
200 ml soku pomidorowego
2 łyżki oliwy
garstka posiekanej świeżej kolendry
sól, pieprz

zupa z kurczaka i kukurydzy

jest gęsta, solidna i pikantna, absolutnie idealna na nieco chłodniejsze dni.

Zagotuj 1,5 l wody, wrzuć kostkę bulionową i gotuj jeszcze około minuty. Mięso oprósz solą i pieprzem, obsmaż na oliwie (po 2-3 minuty z każdej strony). Pamiętaj, że mięso powinno być rumiane tylko od zewnątrz, a w środku surowe. Obsmażone mięso przełóż na talerzyk, a na tłuszczu ze smażenia zeszklij cebulę. Oprósz mąką, zasmaż, mieszając (2 minuty). Wlej bulion i sok pomidorowy, wymieszaj i zagotuj na mocnym ogniu. Włóż pokrojonego w małą kostkę kurczaka, chili i kukurydzę, gotuj, aż zupa nieco zgęstnieje. Posól do smaku, zmniejsz ogień, wsyp kolendrę i wymieszaj.

Najwięcej czasu zajmuje obranie papryki.
A potem już z górki, bo

zupa z czerwonej papryki

robi się praktycznie sama.

W garnku rozgrzej oliwę, zeszklij cebulę. Dodaj paprykę i pomidory, wsyp chili i podsmaż. Teraz wlej bulion i sok pomarańczowy, dodaj nieco tabasco. Gotuj kilka minut, zmiksuj i jeszcze raz zagotuj. Wlej sok z limonki, przypraw do smaku. Posyp kolendrą.

4 | 15'

2-3 łyżki oliwy
2 posiekane cebule
6 obranych, oczyszczonych z nasion i pokrojonych czerwonych papryk (patrz strona 20)
2 obrane, oczyszczone z nasion i pokrojone pomidory
1/4 łyżeczki chili
1,5 l bulionu z kostki Knorr (rosół z kury)
1/4 szklanki soku pomarańczowego
tabasco
sok z 1 limonki
sól, pieprz
listki kolendry

Absolutnie każdy potrafi zrobić

kremową zupę z porów

Pory i ziemniaki to taniocha i dostaniesz je w każdym sklepie, przyprawy są superklasyczne. Ale kiedy mam ochotę trochę poczarować, dodaję do zupy szczyptę garam masala i grubo mielony czerwony pieprz.
Efekt jest niesamowity!

W garnku rozpuść masło, zeszklij pory, cebulę, czosnek i seler. Posól ziemniaki, dodaj je do garnka i wlej bulion. Przykryj, gotuj 20 minut na maleńkim ogniu. Potem zmiksuj zupę i wymieszaj ją ze śmietaną. Zagotuj jeszcze raz, przypraw do smaku i posyp szczypiorkiem.

4 30'

2 łyżki masła
3 duże dokładnie oczyszczone pory (same białe części) pokrojone w plasterki (patrz strona 20)
1 posiekana cebula
1-3 posiekane łodygi selera naciowego
200 g obranych i startych na grubej tarce ziemniaków (to jakieś 3 ładne ziemniaki)
1 zmiażdżony ząbek czosnku
3 szklanki bulionu z 2 kostek bulionowych Knorr (rosół z kury)
1 szklanka śmietany 36-proc.
sól, biały pieprz
gałka muszkatołowa
1/4 pęczka drobnego szczypiorku

Dziś gotuję po indyjsku. Lubię, gdy kuchnia pięknie pachnie przyprawami. A najbardziej lubię

pieprzową zupę indyjską z soczewicą

Wlej oliwę na patelnię, do zimnej oliwy włóż cebulę i czosnek, zeszklij. Ciągle mieszając, dodaj cztery kolejne składniki. Smaż chwilę, dodaj pieprz, wlej bulion. Gotuj, aż soczewica będzie miękka, ale nie rozgotowana. Przypraw do smaku, wlej roztrzepany krem kokosowy, wymieszaj.

4 | 20'

3 łyżki oliwy
1 posiekana cebula
2 posiekane ząbki czosnku
2 łyżeczki curry
1 listek laurowy
1 łyżeczka imbiru w proszku
1 szklanka czerwonej soczewicy
10 ziaren zmiażdżonego w moździerzu czarnego pieprzu
1 litr bulionu przygotowanego z 1 kostki Knorr (rosół z kury)
sól, pieprz
1 puszka (400 ml) kremu kokosowego

Wymyśliłem kiedyś, że

kolendrowy krem z marchwi

jest zdrowy na oczy. No, bo czy widzieliście kiedyś królika w okularach? A one lubią marchew...

Rozpuść masło, wrzuć listki laurowe, ziarenka pieprzu, cebulę i czosnek. Smaż 2 minuty, mieszając. Dodaj marchewkę i łodygi kolendry, wlej litr wody (albo trochę więcej), zagotuj. Gdy marchew będzie miękka, wyjmij listki laurowe i pieprz, a zupę zmiksuj „żyrafą". Następnie zagotuj ją jeszcze raz, przypraw do smaku solą i białym pieprzem, wrzuć listki kolendry i od razu podawaj.

4 | 20'

2 łyżki masła
2 listki laurowe
1 łyżeczka ziaren czarnego pieprzu
1 posiekana cebula
6-8 posiekanych ząbków czosnku
650 g marchewki obranej i pokrojonej w plasterki
1 pełna szklanka posiekanych liści świeżej kolendry (nie wyrzucaj łodyg)
sól, świeżo zmielony biały pieprz

W kuchni tajskiej nie ma porządnych przepisów, ważenia produktów, czasu przygotowania. Trzeba po prostu tak połączyć kilka składników, aby coś powstało. Na przykład

tajska zupa tom ka kai

A może coś kompletnie innego.

Zagotuj bulion, dodaj trawę cytrynową, liście kaffir, pastę tom ka i mleko kokosowe. Wymieszaj, wrzuć chili i galgant, dodaj sos rybny, cukier i sok z cytryny. Gdy zupa ponownie się zagotuje, włóż kurczaka (kawałek po kawałku) i gotuj, aż będzie miękki. Dodaj rozgniecione korzonki kolendry, posyp posiekanymi listkami kolendry.

4 | 20'

1,5 l bulionu z 1 kostki Knorr (rosół z kury)
2 rozgniecione i posiekane łodygi trawy cytrynowej
2 liście limonki kaffir pokrojone w paseczki (julienne)
1 opakowanie (30 g) pasty tom ka
1/2 puszki mleka kokosowego (150 ml)
1-2 łyżki sosu rybnego
2 małe posiekane czerwone chili (razem z pestkami)
kawałek startego korzenia galgantu (tajskiego imbiru) lub zwykłego imbiru
1 łyżka brązowego cukru
sok z 1 cytryny lub limetki
2 piersi kurczaka pokrojone w cienkie, ukośne plasterki (patrz strona 22)
kilka gałązek kolendry z korzonkami

Agrest
3,50

sałatki

sałatka arbuzowa

jest cudowna na upały i znakomicie orzeźwia. Ma malutko kalorii, bo arbuz, choć słodki, to przecież prawie sama woda. Pamiętaj, że arbuz najlepiej smakuje zimny, dlatego po pokrojeniu włóż go na chwilkę do zamrażalnika.

Wyjmij pestki z arbuza, wytnij miąższ i pokrój go w kostkę albo zrób kuleczki wycinakiem do warzyw. Podczas krojenia staraj się „łapać" do miseczki sok wyciekający z arbuza. Przełóż do dużej miski ogórka, rzodkiewki, opłukane kiełki i szalotki. Dodaj arbuza i roszponkę, dokładnie wymieszaj. Przygotuj sos: sok z arbuza wymieszaj z miodem, octem, olejem i jeszcze gorącymi prażonymi migdałami. Przypraw solą i pieprzem, polej sałatkę, wymieszaj. Nie musisz tego robić delikatnie, bo arbuz dodatkowo puści smakowity sok w trakcie mieszania.

6 | 10'

1 arbuz
1 ogórek oczyszczony z nasion i pokrojony w kostkę
3 szalotki pokrojone w cienkie piórka
70 g roszponki
8 rzodkiewek pokrojonych w półplasterki
15 g posiekanych migdałów uprażonych bez tłuszczu
50 g kiełków soi (lub innych, ważne, aby były świeże)
3 łyżki miodu
1 łyżka octu winnego
3-4 łyżki oleju arachidowego
sól, świeżo zmielony pieprz

Kuchnia japońska jest wysublimowana i perfekcyjna, warto ją poznać. Na początek coś prostego, ale eleganckiego, czyli

sałatka z wołowiną po japońsku

Uważnie przeczytaj listę składników, bo chyba będziesz musiał wyskoczyć do sklepu z jedzeniem azjatyckim. Niektórych składników po prostu nie można zastąpić.

Najpierw przygotuj mięso: natrzyj je solą i pieprzem, obsmaż na oliwie z masłem z każdej strony na mocnym ogniu, aby dobrze zamknąć pory. Nie nakłuwaj widelcem podczas smażenia, bo ucieknie cały sok. Mięso ułóż na blasze, wstaw do piekarnika nagrzanego do 180 stopni (z włączonym termoobiegiem). Piecz 6-7 minut. Możesz także opiec mięso pod „salamandrą", czyli rozgrzanym grillem piekarnika. W czasie, gdy mięso się piecze, przygotuj sos: wymieszaj musztardę z octem ryżowym i winnym. Powoli, ciągle mieszając trzepaczką, wlewaj olej słonecznikowy. Posól i popieprz do smaku, dodaj imbir i wasabi. Cały czas mieszając, wlewaj powoli olej sezamowy. Przygotuj sałatkę: wymieszaj rzodkiewki, kiełki, roszponkę i ogórka, polej sosem, jeszcze raz wymieszaj. Na wierzchu ułóż ciepłe mięso pokrojone w cienkie, ukośne plasterki. Posyp je sezamem i od razu podawaj.

4 | 20'

Sałatka:
700 g polędwicy wołowej
sól, pieprz
2-3 łyżki oliwy
kilka kawałeczków masła
4 rzodkiewki pokrojone w półplasterki
50 g kiełków (najlepiej mieszanych)
2 garści porwanej na kawałki roszponki
1 ogórek oczyszczony z pestek i pokrojony w paski (3-4 cm)
3 łyżki sezamu uprażonego bez tłuszczu

Sos:
1 łyżka ostrej musztardy
1 łyżka octu ryżowego
1 łyżka czerwonego octu winnego
2 łyżki oleju słonecznikowego
sól, pieprz
kawałek startego świeżego imbiru
1 łyżeczka wasabi w proszku roztartego z kilkoma kroplami wody
1/3 szklanki oleju sezamowego

4 10'

500 g malin
garść listków natki
garść listków kolendry
garść szczypiorku pokrojonego na 5-cm kawałki
garść mięty (duże listki pokrojone, czubeczki w całości)
garść bazylii (duże liście porwane na kawałki)
1 pokrojona w piórka szalotka
1/3 białej rzepy obranej i pokrojonej w cienkie wiórki skrobaczką do warzyw
kawałek (50-80 g) oscypka pokrojonego w cienkie wiórki skrobaczką do warzyw

Sos:
1 łyżka octu estragonowego lub innego octu z przyprawami
1 łyżka octu balsamicznego
3 łyżki oleju rzepakowego lub oliwy
sól, pieprz
ew. 1 łyżka musztardy

Wszystkie zioła muszą być umyte, ale potem dokładnie osuszone, inaczej

ziołowa sałatka z malinami

straci smak. Dlatego koniecznie musisz mieć w domu suszarkę do sałaty — kosztuje kilka złotych, a można ją kupić na każdym bazarku. I uważaj na maliny – czasami są w nich robale...

Przygotuj sos: składniki wymieszaj w słoiku, zakręć i tak długo potrząsaj, aż zrobi się emulsja (patrz strona 22). Składniki sałatki połącz w misce, polej sosem, delikatnie wymieszaj rękami. Oprósz solą i pieprzem.

4 10'

150 g rukoli
1 czerwona sałata radicchio (porwana na kawałki)
150 g umytej i osuszonej roszponki lub młodych liści mlecza (zebranych przed zakwitnięciem)
listki z 1/2 pęczka mięty
2 brzoskwinie pokrojone lub porwane palcami na kawałki
owoce z 3-4 gałązek porzeczek (czerwonych lub czarnych)
1 kulka mozzarelli (100 g) porwana na kawałeczki
6 cieniutkich plasterków (100 g) szynki parmeńskiej porwanych na kawałeczki
sól, pieprz
sok z cytryny, dobra oliwa i ocet balsamiczny

Żyjesz w stresie? Chciałbyś jakoś odreagować? Nic prostszego: zrób

sałatkowy miks

– rzuć się na sałatki, szynkę, ser i owoce i nie krój tego wszystkiego, tylko rozrywaj i rozszarpuj palcami. Pomogło?

Sałaty wymieszaj na talerzu, posyp kolejno: brzoskwiniami, porzeczkami, miętą, mozzarellą i szynką. Skrop sokiem cytrynowym, octem balsamicznym i oliwą. Posól i popieprz. Gotowe!

tabouleh

to arabska sałatka z kuskusem, popularna w Libanie, Maroku, Syrii. Znakomicie odświeża w upały i z powodzeniem można się nią najeść. Pamiętaj tylko, że do prawdziwego tabouleh nie dodaje się gotowanego kuskusu. Surowa kaszka wciągnie cały sok z cytryn, pomidorów i ogórków – zobaczysz, jak pięknie napęcznieje. I jeszcze jedno: tabouleh je się rękami!

Wymieszaj pomidory i ogórki z oliwą, sokiem cytrynowym, cebulą i ziołami. Dodaj suchy kuskus, jeszcze raz dokładnie wymieszaj, przykryj i wstaw na co najmniej 2 godziny do lodówki.

4 | 10'

1 kg pomidorów sparzonych, obranych i pokrojonych w kostkę (patrz strona 28)
1 kg nieobranych, startych ogórków
1 i 3/4 szklanki oliwy
sok z 4 cytryn
2 małe posiekane cebulki
pęczek posiekanej natki
po garści posiekanego estragonu i mięty
1 opakowanie (300-330 g) kaszy kuskus

Trochę zmieniłem przepis na prawdziwą *salade nicoise* i tak powstała

sałatka ze spaghetti po nicejsku

Dodałem makaron i dzięki temu to już nie jest przystawka, ale prawdziwe, porządne danie. Polecam na solidną kolację albo lżejszy obiad.

Ugotuj makaron w wodzie z kostką bulionową. Odcedź i zahartuj zimną wodą. Do miski przełóż osączonego tuńczyka, rozdrobnij widelcem, dodaj pomidory, anchois, kapary i oliwki. Wymieszaj z sokiem i skórką z cytryny, dodaj jajka, makaron i natkę, posól i posyp świeżo zmielonym pieprzem. Wymieszaj, podawaj na zimno.

4 | 20'

200 g spaghetti
1 kostka bulionowa Knorr (bulion z oliwą z oliwek i ziołami)
1 puszka tuńczyka w sosie własnym
2-3 pomidory pokrojone w cząstki
6 posiekanych anchois
1 łyżka posiekanych kaparów
20 g posiekanych czarnych oliwek
sok i starta skórka z 1 cytryny
2 jajka na twardo obrane i pokrojone na ósemki
garść posiekanej natki
sól, pieprz

Miałem straszne trudności z przygotowaniem

sałatki z salami i suszonymi pomidorami

Bez przerwy ktoś wyjadał mi salami. Wiem, że jest pyszne, ale w komplecie z aromatycznymi pomidorami i gorzkawą sałatą lollo rosso smakuje jeszcze lepiej. No, bardzo proszę – trochę cierpliwości!

Składniki sosu wymieszaj w słoiku (patrz strona 22).
Na półmisku ułóż liście sałaty, a potem kolejno: połowę ziemniaków, połowę cebuli, połowę suszonych pomidorów, połowę papryki i połowę salami. I jeszcze raz tak samo. Polej sosem, oprósz solą i pieprzem.

4 | 10'

Sos:
- garść posiekanej bazylii
- 2 łyżki oliwy
- 1 łyżka octu balsamicznego
- 1 łyżka przecieru pomidorowego (nie koncentratu!)
- sól, świeżo zmielony pieprz

oraz:
- 1 główka sałaty lollo rosso
- 5 ziemniaków ugotowanych w mundurkach, obranych i pokrojonych w kostkę
- 1 czerwona cebula pokrojona w kostkę
- 15 suszonych pomidorów
- 1 zielona papryka pokrojona w kostkę
- 150-200 g węgierskiego salami pokrojonego w półplasterki

4 | 10'

5 średnich ziemniaków ugotowanych, ostudzonych i pokrojonych w plasterki
1 zielona papryka pokrojona w cienkie paski
1 gałązka selera naciowego obrana z włókien i posiekana
1 mała czerwona cebulka pokrojona w piórka
1 pomidor sparzony, obrany i pokrojony w kostkę

Sos:
2 łyżki musztardy
kilka kropli tabasco
4 łyżki majonezu Hellmann's
sól, pieprz

Kreolskie jedzenie jest proste i smaczne, zawsze pikantnie przyprawione. Stąd pochodzi przecież słynny sos tabasco, który nadaje charakter mojej

sałatce po kreolsku

W misce wymieszaj wszystkie składniki sosu, przypraw solą i pieprzem. Wrzuć przygotowane warzywa i jeszcze raz wymieszaj. Przypraw do smaku. Możesz wstawić na pół godziny do lodówki.

Gramy w zielone, gramy w czerwone... Robimy

kolorową sałatkę z buraczkami

Przepis jest błyskawiczny, pod warunkiem że wcześniej ugotowałeś lub upiekłeś buraki. Albo kupiłeś buraczki w słoiku.

Wymieszaj składniki sosu. Na talerzu rozłóż połowę buraczków, posyp połową fasolki i fety. Tak samo ułóż drugą warstwę składników, polej sosem, przypraw solą i pieprzem.

4 10'

Sałatka:
800 g ugotowanych buraczków pokrojonych w paseczki
200 g ugotowanej i ostudzonej fasolki szparagowej
100 g pokruszonej fety
sól morska, pieprz

Sos:
2 ząbki czosnku roztarte z solą
2 łyżki posiekanych kaparów
2 łyżki octu winnego
6 łyżek oliwy

sałatka tajska

jest orzeźwiająca i przyjemnie pachnie. Nic dziwnego: kwaskowaty smak cytrusów i trawy cytrynowej łączy się tu z ostrym i świeżym imbirem. I jeszcze ta mięta, mmm...

Obierz limonkę i grejpfruta, powycinaj fileciki (jeśli nie wiesz jak to się robi, zajrzyj na stronę 28). Wyciśnij do miseczki sok z resztek cytrusów. Wymieszaj składniki sosu, dodaj sok wyciśnięty z resztek cytrusów. Wymieszaj ogórka, paprykę, trawę cytrynową, fileciki z cytrusów, kiełki i ryż, polej sosem. Jeszcze raz wymieszaj, wstaw na godzinę do lodówki.

4 | 15'

1 limonka
1 czerwony grejpfrut
1 świeży nieobrany ogórek oczyszczony z pestek i pokrojony w słupki
1 papryka zielona pokrojona w paski
1 papryka czerwona pokrojona w paski
2 zmiażdżone i posiekane łodygi trawy cytrynowej
100 g świeżych kiełków soi, soczewicy lub słonecznika
500 g ugotowanego ryżu jaśminowego (z 250 g suchego ryżu)

Sos:
2 łyżki sosu rybnego
1 łyżka cukru
sok z 1 limonki
kawałek startego imbiru
1 posiekany ząbek czosnku
4 posiekane listki mięty

Jeśli jesteś głodny i chcesz szybko zjeść kolację, zrób po prostu

sałatkę z pomidorów i białej fasoli

Podaj do niej świeży wiejski chleb z masłem i gotowe. Ale jeśli nie lubisz fasoli z puszki, musisz dzień wcześniej namoczyć fasolę suszoną, a potem ją ugotować i ostudzić.

Składniki sosu przełóż do słoika, mocno zakręć i kilkakrotnie potrząśnij, aż powstanie emulsja (patrz strona 22). Wymieszaj pomidory i pomidorki, zieleninę i osączoną fasolę, polej sosem. Przypraw do smaku, jeszcze raz wymieszaj.

2 10'

250 g pomidorków koktajlowych przekrojonych na połówki
250 g podłużnych pomidorów pokrojonych w kostkę
garść grubo pokrojonych liści bazylii
2 łyżki grubo pokrojonej natki
1 puszka (425 g) białej fasoli

Sos:
2 posiekane czerwone cebulki
1 posiekany ząbek czosnku
sok z 1 cytryny
6 łyżek oliwy
sól, pieprz

Kto twierdzi, że nie lubi koziego sera, musi spróbować mojej

orzechowej sałaty z ciepłym kozim serem i pomarańczą

Bo tu chodzi nie tylko o smak i aromat – ważna jest także konsystencja sera, który na ciepło dosłownie rozpływa się na języku.

Przygotuj sos: orzechy wymieszaj z sokiem cytrynowym, lekko posól, wymieszaj z oliwą. Dodaj sok z pomarańczy i pieprz, wymieszaj. Pomarańcze obierz, wytnij fileciki (patrz strona 28). Z resztek owoców wyciśnij sok i dodaj go do sosu. Usmaż ser na złoty kolor na patelni bez tłuszczu. Pomarańcze wymieszaj z kiełkami słonecznika i roszponką, polej sosem, oprósz pieprzem. Na sałatce ułóż ciepłe plastry sera.

4 15'

Sos:
20 g zmielonych orzechów włoskich
1 łyżka soku z cytryny
sól, świeżo zmielony pieprz
1/2 szklanki oliwy
sok z 1/2 pomarańczy

oraz:
2 pomarańcze
260 g dojrzewającego koziego sera pokrojonego w plastry o grubości 2 cm
garść kiełków słonecznika
garść listków roszponki

makarony

lasagne z ricottą

to danie dla osób romantycznych, miłych i z natury łagodnych. Pachnie gałką, jest kremowe i bardzo delikatne. Dodaję do niego jeszcze mój ulubiony parmezan i gorgonzolę. Żadnego czosnku czy intensywnie pachnących przypraw, aby nie zgubić smaku serów.

Płaty makaronowe blanszuj po 3-4 minuty we wrzącej wodzie, w której rozpuściłeś kostkę bulionową. Gotowe płaty wyjmuj szczypcami, wkładaj do wody z lodem, a po wyjęciu układaj w jednej warstwie na papierowym ręczniku. Zrób beszamel: w rondlu stop masło, oprósz mąką, smaż 2 minuty, cały czas mieszając trzepaczką. Powoli wlewaj mleko, nie przerywając mieszania. Gotuj, aż beszamel zacznie bulgotać. Przypraw solą, pieprzem i gałką. Przygotuj nadzienie: powyrywaj twarde rdzenie z listków szpinaku. Szpinak wrzuć do wrzącej, osolonej wody i blanszuj 2-3 minuty. Potem osącz, mocno odciśnij w ściereczce lub w rękach i posiekaj. Wymieszaj gorgonzolę z ricottą, orzeszkami pinii i szpinakiem. Rozpocznij składanie lasagne: na dno formy wlej trochę beszamelu, na to połóż płaty makaronu i mokrą łyżką rozprowadź trochę masy szpinakowej. Na to ponownie beszamel, makaron, znowu masa, beszamel, makaron itd. Wierzch posyp parmezanem. Wstaw gotowe lasagne do piekarnika rozgrzanego do 180 stopni (z włączonym termoobiegiem), piecz 20-30 minut.

4 40'

12 płatów makaronu lasagne
1 kostka bulionowa Knorr (bulion z oliwą z oliwek i ziołami)
1 kg świeżego szpinaku
250 g pokrojonego w kostkę sera gorgonzola
250 g ricotty
80 g orzeszków piniowych
80 g startego parmezanu

Beszamel:
4-5 łyżek masła
4-5 łyżek przesianej mąki
3 szklanki mleka
kolorowy pieprz, sól, świeżo starta gałka muszkatołowa

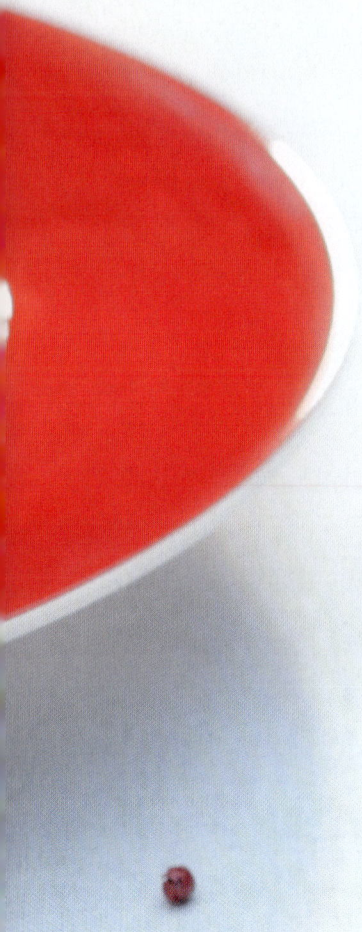

Delikatne mięso kurczaka jest znakomite do kulinarnych eksperymentów. Możesz dodać do niego przyprawy ostre albo korzenne, albo tylko sól i pieprz. A ja lubię kurczaka z rozmarynem. Zrób mój

makaron z kurczakiem,

a dowiesz się dlaczego.

Przygotuj kurczaka: natrzyj mięso solą i pieprzem. Podgrzej oliwę, wrzuć masło. Gdy się rozpuści, włóż mięso, smaż, delikatnie kołysząc patelnią. Gdy mięso się przyrumieni z każdej strony, włóż je na 10 minut do piekarnika nagrzanego do 180 stopni (z włączonym termoobiegiem). Ugotuj tagliatelle w wodzie z kostką bulionową. Na patelni rozgrzej resztę oliwy i masła. Zeszklij czosnek i cebulę, włóż pieczarki i posól, aby szybciej puściły sok. Gdy sok z grzybów odparuje, dodaj czerwony pieprz i smaż, lekko poruszając patelnią. Dodaj rozmaryn, wlej wino i gotuj, aż część sosu wyparuje. Teraz wlej śmietanę i ponownie zredukuj sos. Dodaj pokrojonego kurczaka i osączone tagliatelle. Wymieszaj, przypraw i od razu podawaj.

4 30'

2 filety z kurczaka
sól, pieprz
2 łyżki oliwy
2 łyżki masła
300 g makaronu tagliatelle
1 kostka bulionowa Knorr (bulion z oliwą z oliwek i ziołami)
1 rozgnieciony ząbek czosnku
1 posiekana cebula
5-7 dużych pieczarek pokrojonych w plasterki
1 łyżka ziarenek czerwonego pieprzu
igiełki całej łodyżki rozmarynu
1/3 szklanki białego wytrawnego wina lub sok z 1 cytryny
2 łyżki śmietany 30 proc.

To musiało być jakoś tak: pewnego dnia włoski górnik wrócił z pracy zły, głodny i zmęczony. Jeść! – zawołał od progu. Nie było czasu na gotowanie bolognese. Rozsądna żona błyskawicznie przyrządziła gęsty sos ze śmietany i boczku. Ocaliła swoje małżeństwo, a przy okazji wynalazła

spaghetti alla carbonara

W dużym garnku zagotuj wodę z kostką bulionową. Gotuj minutę, wrzuć spaghetti, ugotuj al dente. W tym czasie zrób sos: żółtka wymieszaj ze śmietaną i 2-3 łyżkami parmezanu. Odcedź makaron (odlej trochę wody z gotowania do małej miseczki), a garnek, w którym gotował się makaron, ponownie ustaw na ogniu i rozgrzej. Wrzuć boczek, wysmaż na chrupko. Wlej trochę wody z makaronu i poskrob łyżką w garnku, aby zebrać wszystko, co przykleiło się do dna i boków. Wrzuć makaron, wlej sos, wymieszaj. Podgrzewaj, ale nie gotuj, bo żółtka się zetną. Gdy sos zgęstnieje, przełóż wszystko do miski i wymieszaj z resztą parmezanu. Możesz posolić, ale nie za dużo, bo ser i boczek są słone. Posyp natką i podawaj.

4 30'

1 kostka bulionowa Knorr (bulion z oliwą z oliwek i ziołami)
1 paczka spaghetti (400 g)
4 żółtka
300 ml śmietany 36-proc.
100 g startego parmezanu
200-300 g tłustego wędzonego boczku lub bekonu pokrojonego w paski o grubości 5 mm
sól, biały pieprz
1 pęczek posiekanej natki

Makaron ryżowy jest delikatniejszy od zwykłego i lepiej się łączy ze smakiem sosów. Dlatego właśnie postanowiłem przygotować

spaghetti ryżowe z kawałeczkami wieprzowiny

Taki europejski ukłon w stronę kuchni chińskiej.

4 | 25'

300 g makaronu ryżowego
500 g polędwiczek wieprzowych
sól, pieprz
5-6 łyżek oliwy
5 gałązek selera naciowego pokrojonych w plasterki
8 szalotek pokrojonych w piórka
300 g obranych kapeluszy małych pieczarek pokrojonych w plasterki
200 ml śmietany 36-proc.
3 łyżki musztardy

Makaron wrzuć do wrzącej wody i odstaw na 5 minut. Odcedź. Polędwiczki pokrój w sposób tajski (patrz strona 22), oprósz solą i pieprzem. Na patelnię wlej 3-4 łyżki oliwy. Rozgrzej, wrzuć mięso (kawałek po kawałku), seler i cebulę, podsmaż, mieszając. Na drugiej patelni rozgrzej resztę oliwy, wrzuć pieczarki, od razu posól, aby puściły sok. Gdy sok odparuje, dodaj podsmażone składniki z drugiej patelni i wymieszaj.
Mocno podgrzej, wlej śmietanę, zagotuj, mieszając. Dodaj musztardę, wymieszaj i od razu zdejmij z ognia. Połącz z odcedzonym makaronem.

Uwaga, może być ostro! Do

makaronu smażonego po tajsku

dodałem sambal oelek zrobiony z czystego przecieru chili. Jeśli się nie mylę, jest to – obok harissy – jedna z najbardziej pikantnych przypraw świata.

Cebulki podsmaż na oleju, wlej jajka przyprawione solą i pieprzem. Usmaż jajecznicę, dodaj do niej sambal oelek, pokruszoną minikostkę, makaron, sos sojowy i sos ostrygowy. Podsmaż, dodaj kiełki, cukier trzcinowy, orzeszki, sok z limonki, kolendrę, czosnek i paprykę. Wymieszaj. Tofu podsmaż w głębokim oleju, osącz i posyp makaron. Od razu podawaj.

4 20'

6 cebulek dymek pokrojonych w piórka
2 łyżki oleju arachidowego
2 lekko ubite jajka
sól, pieprz
2 łyżki pasty sambal oelek
1/2 minikostki przyprawowej Knorr (papryka)
400 g ugotowanego makaronu ryżowego
60 ml jasnego sosu sojowego
1 łyżka sosu ostrygowego
90 g kiełków sojowych
1 łyżka cukru trzcinowego
40 g orzeszków ziemnych uprażonych i rozgniecionych w moździerzu
2 łyżki soku z limonki
garstka posiekanych liści kolendry
2 posiekane ząbki czosnku
1 posiekana czerwona papryka
100 g sera tofu pokrojonego w paseczki o długości 5 mm
olej do głębokiego smażenia

Nie każda włoska „pasta” musi od razu pływać w sosie. Do

fusilli z ostrym sosem oliwkowym

dodałem po prostu nieco oliwy z ulubionymi przyprawami. Jedzenie jest smaczne i wykwintne. Pod jednym warunkiem: oliwa musi być naprawdę wysokiej jakości. Tu nie warto oszczędzać.

Wstaw wodę na makaron, a gdy się zagotuje, rozpuść w niej kostkę bulionową. Gotuj minutę, wrzuć makaron, ugotuj al dente. Skórkę cytrynową podsmaż na oliwie. Gdy zacznie skwierczeć, dodaj anchois, a po 2-3 minutach oliwki. Smaż chwilkę, dodaj papryczki i czosnek, smaż jeszcze minutę lub dwie. Możesz posolić, ale pamiętaj, że oliwki i anchois są słone. Wyjmij i wyrzuć skórkę cytrynową. Odcedź makaron (niezbyt dokładnie), wymieszaj z sosem (jeśli trzeba, dodaj nieco wody z gotowania makaronu). Posyp natką, pieprzem i serem.

4 | 20'

1 kostka bulionowa Knorr (bulion z oliwą z oliwek i ziołami)
400 g makaronu fusilli, czyli świderków
2 cienkie, długie paseczki cienko obranej skórki ze sparzonej cytryny
5 łyżek oliwy
1 puszka filecików anchois (posiekanych)
15 posiekanych czarnych oliwek
3 zielone papryczki chili oczyszczone z pestek i posiekane
3 ząbki czosnku zmiażdżone z solą
sól morska, pieprz
1 pęczek posiekanej natki
starty parmezan lub pecorino do posypania

Dziś roznosi mnie energia, dlatego nie będę jadł delikatnego zielonego pesto. Zrobię sobie obiad na czerwono i na ostro. Będzie

penne z pesto paprykowym

Papryki przypal nad ogniem albo upiecz (15 minut) w piekarniku rozgrzanym do temperatury 180 stopni. Gdy skórka sczernieje, włóż je do foliowego woreczka i zawiąż. Uderz kilka razy woreczkiem o blat (delikatnie). Skórka powinna przykleić się do folii. Wtedy włóż papryki pod zimną wodę, wyjmij i obierz (etapy obierania papryki znajdziesz na stronie 20). Potem oczyść z nasion i szypułek, no i zrób pesto: strąki pokrój na kawałeczki i zmiksuj z pestkami chili, czosnkiem, orzeszkami i oliwą. Makaron ugotuj al dente w wodzie z kostką bulionową. Odcedź, wymieszaj z pesto, przypraw solą i pieprzem. Przed podaniem posyp parmezanem.

4 | 30'

- 2 duże czerwone papryki
- odrobina wysuszonych pestek chili (dodają ostrości)
- 2 ząbki czosnku
- 5 łyżek orzeszków pinii
- 5 łyżek oliwy
- 500 g makaronu penne (rurki)
- 1 kostka bulionowa Knorr (bulion z oliwą z oliwek i ziołami)
- sól, pieprz
- starty parmezan

Żaden kucharz nie wyleje pachnącej oliwy! Smażone warzywa do

cannelloni po śródziemnomorsku

trzeba osączyć, ale oliwę łapie się do podstawionej miseczki. Gdy ostygnie, można przyprawiać nią sałatki lub używać do smażenia. Tylko uwaga, bo strasznie pryska!

4 | 45'

100 ml oliwy, sól
warzywa pokrojone w niedużą, równą kosteczkę:
1 bakłażan
1 duża czerwona papryka
1 duża zielona papryka
2 małe cukinie oczyszczone z pestek
1 opakowanie (250 g) ricotty
1 lekko ubite jajko
10 rurek cannelloni
1 kostka bulionowa Knorr (bulion z oliwą z oliwek i ziołami)

Sos:
3 obrane pomidory, pokrojone na kawałki i oczyszczone z pestek oraz sok odciśnięty z pestek pomidorów
2 zmiażdżone ząbki czosnku
3 łyżki posiekanej bazylii

Do posypania:
100 g pokruszonego sera feta
50 g startego pecorino, parmezanu lub gruyere

Rozgrzej oliwę, wrzuć bakłażana, posól, smaż 4 minuty. Dodaj papryki, smaż kolejne 4 minuty. Dodaj cukinię, znowu smaż 4 minuty. Podczas smażenia mieszaj. Warzywa przełóż na sitko i osącz z oliwy. Oliwę złap do miseczki. Warzywa wymieszaj z 2/3 ricotty i jajkiem. Rozgrzej piekarnik do 200 stopni, włącz termoobieg. Zrób sos: w rondlu rozgrzej 2 łyżki oliwy, na której smażyłeś warzywa, wrzuć pomidory, wlej sok. Podduś, dodaj czosnek, gotuj 2 minuty, a potem wrzuć bazylię. Makaron zblanszuj (1-2 minuty) we wrzącej wodzie, w której rozpuściłeś kostkę bulionową. Odcedź, zahartuj w zimnej wodzie. Warzywa przełóż do rękawa cukierniczego (sposób faszerowania znajdziesz na stronie 20), napełnij rurki cannelloni. Do żaroodpornego naczynia wlej połowę sosu pomidorowego. W sosie ułóż cannelloni, polej resztą sosu, posyp resztą ricotty, fetą i startym serem. Zapiekaj 30 minut.

Gdy opowiadałem znajomemu o przepisie na

farfalle z pesto i boczkiem,

lekko się zdziwił, że do makaronu dodaję jeszcze ziemniaki. Ale trzeba pamiętać, że to nie jest danie dla wiotkich panienek, tylko dla ludzi porządnie głodnych i zmęczonych. Taka bomba energetyczna.

Zmiksuj składniki pesto. Ziemniaki ugotuj w wodzie z kostką bulionową. Odcedź i zahartuj w zimnej wodzie. Ugotuj makaron w wodzie z kostką bulionową. Odcedź. Na patelnię wlej oliwę, do zimnej oliwy wrzuć cebulę. Gdy się zeszkli, wrzuć bekon pokrojony w kwadraciki. Smaż, lekko potrząsając patelnią. Dodaj groszek, wlej śmietankę, gotuj 3-4 minuty. Ziemniaki wymieszaj z makaronem, polej sosem, wymieszaj, przypraw do smaku, dodaj pesto. Posyp serem i jeszcze raz wymieszaj.

4 | 20'

Pesto:
1/2 szklanki oliwy
1 pęczek bazylii
2 ząbki czosnku, sól, pieprz

oraz:
250 g ziemniaków (pokrojonych w kostkę)
2 kostki bulionowe Knorr (bulion z oliwą z oliwek i ziołami)

250 g makaronu farfalle (kokardki)
3 łyżki oliwy
1 posiekana cebula
300 g bekonu pokrojonego w plasterki
200 g mrożonego groszku
300 ml śmietany 36-proc.
sól, pieprz
60-80 g startego parmezanu

To przepis dla dwóch osób. Bo

cytrynowe tagliatelle z mascarpone

są idealne na romantyczną kolację tylko we dwoje. Pięknie pachną i delikatnie smakują. A jeśli macie ochotę na pikantniejszy akcent, posypcie makaron pokruszonym – nie zmielonym – czerwonym pieprzem.

W garnku zagotuj wodę z kostką bulionową. Włóż tagliatelle, ugotuj al dente. Do rondla wlej oliwę, do zimnej oliwy wsyp skórkę cytrynową i podgrzej. Gdy zapachnie i złapie kolor, wlej sok, wymieszaj i dodaj mascarpone. Mieszając, podgrzewaj, aż się rozpuści. Przypraw solą i pieprzem, wrzuć odcedzony makaron, wymieszaj i posyp bazylią.

2 | 15'

250 g makaronu tagliatelle
1 kostka bulionowa Knorr
(bulion z oliwą z oliwek
i ziołami)
sok i otarta skórka z 1 cytryny
3 łyżki oliwy
garstka listków bazylii
pokrojonych w paski
125 g serka mascarpone
(1/2 opakowania)
sól, biały pieprz

Gdy lato się kończy i nadchodzi jesień, w warzywniakach i na bazarkach pojawiają się okazałe dynie. Nie przegap tego momentu, przygotuj

penne z dynią i szynką prosciutto

Od razu przygotuj także przetwory z dyni na pozostałe pory roku. Pamiętaj, że miąższ dyni można zamrażać.

Oliwę wlej na patelnię, do zimnej oliwy wrzuć czosnek. Podgrzewaj, aż zacznie skwierczeć, dodaj pomidory i szynkę. Smaż minutę, dodaj dynię. Ciągle mieszając, smaż kolejną minutę, dodaj makaron i bazylię. Wymieszaj z ricottą, przypraw solą i pieprzem. Od razu podawaj.

4 | 10'

3 ugotowane, obrane i rozgniecione ziemniaki
2 ugotowane, obrane i rozgniecione pataty
350 g przesianej mąki (lub mniej)
60 g parmezanu startego na wiórki
60 g masła
garstka (30 g) posiekanej rzeżuchy
1 kostka bulionowa Knorr (bulion z oliwą z oliwek i ziołami)
4 ząbki czosnku (w łupinkach)
sól
oliwa
natka do dekoracji

4 osoby · 45'

4-5 łyżek oliwy
2 posiekane ząbki czosnku
100 g pokrojonych w paseczki suszonych pomidorów
4 cieniutkie plasterki szynki parmeńskiej pokrojone w paski
500 g dyni pokrojonej w kostkę i ugotowanej (3-4 minuty)
500 g makaronu penne (rurki) ugotowanego w bulionie z kostki Knorr (bulion z oliwą z oliwek i ziołami)
garstka posiekanej bazylii
1 opakowanie (250 g) sera ricotta
sól, pieprz

Od jakiegoś czasu widzisz w sklepie słodkie ziemniaki – pataty. Wyglądają jak normalne ziemniaki, tylko są większe i mają pomarańczowy miąższ. Można by je kupić, ale co z nich robić? Polecam własny patent na

wielkie gnocchi ze słodkich ziemniaków i rzeżuchy

Są pyszne, ale i bardzo ładne, właśnie ze względu na niezwykły kolor.

Rozgrzej piekarnik do 220 stopni. Ziemniaki i pataty zagnieć z mąką (dodaj tyle mąki, ile zabierze ciasto – przestań dodawać, gdy ciasto odklei się od rąk), wymieszaj z rzeżuchą i połową parmezanu, zagnieć. Ulep wałek o średnicy 3 cm, pokrój go na kawałki i ulep kulki wielkości orzechów. Każdą lekko spłaszczaj. Napełnij duży garnek wodą, zagotuj i rozpuść kostkę bulionową. Do wrzątku partiami wkładaj gnocchi, delikatnie zamieszaj, aby się nie skleiły. Gotuj, aż wypłyną, a potem wyjmij łyżką cedzakową i przelej zimną wodą. Rozpuść masło, wrzuć rozgniecione ząbki czosnku (z łupinkami). Polej gnocchi, wymieszaj i przełóż do żaroodpornego naczynia. Posyp resztą parmezanu, zapiekaj 10 minut. Skrop oliwą, udekoruj natką.

mięsa

4 | 45'

400 g żeberek wieprzowych
sól (najlepiej morska)
świeżo mielony pieprz
1 łyżka mąki
20 g sklarowanego masła
(jakieś 2 łyżki)
20 g margaryny Rama Classic
2 posiekane cebule
40 ml jasnego piwa
1/2 szklanki śmietany
36-proc.
1 łyżka ostrej musztardy
(ja użyłem Dijon)
1 łyżka posiekanych kaparów

Zgadnij, co pasuje do

pieczonych żeberek w sosie musztardowym?

Jasne piwo, to oczywiste. Wlałem je nawet do sosu. Mniam.

Każdy płat żeberek przekrój na dwie części wzdłuż kości i usuń błonkę. Mięso oprósz solą i pieprzem, a potem obtocz w mące i strząśnij jej nadmiar. Usmaż żeberka z każdej strony na sklarowanym maśle, tak aby były dość mocno przyrumienione. Pamiętaj, aby obsmażyć także boki żeberek, żeby z mięsa nie wypływał sok. Mięso odwracaj szczypcami i nie nakłuwaj go widelcem – w ten sposób nie wyschnie w trakcie pieczenia. Rozgrzej piekarnik do 180 stopni, włącz termoobieg. Żeberka ułóż w brytfannie i wstaw do piekarnika na 5 minut. Z patelni, na której smażyłeś żeberka, wylej zużyty tłuszcz. Włóż margarynę i zeszklij cebulę. Wlej piwo, wymieszaj i dodaj śmietanę. Wymieszaj jeszcze raz, gotuj, aż zobaczysz, że w sosie robią się bąbelki. Wtedy dodaj musztardę, wsyp kapary, przypraw do smaku. Polej żeberka i od razu podawaj.

szaszłyki orientalne

są żółciutkie, bo dodałem do nich kurkumę. To złośliwa przyprawa: jeśli kogoś nie lubisz, wystarczy, że delikatnie maźniesz go po twarzy palcem zanurzonym w tym żółtym proszku. Zapewniam cię, że przez tydzień się nie domyje!

Namocz w wodzie (przez 20 minut) drewniane szpadki do szaszłyków, inaczej spalą się w trakcie grillowania. Zrób marynatę: wymieszaj czosnek, sok z cytryny i oliwę. Gdy powstanie emulsja, dodaj kardamon i przyprawę „5 smaków" oraz kurkumę. Mięso natrzyj solą i pieprzem, włóż do marynaty. Przykryj folią i wstaw na 2 godziny do lodówki. Zamarynowane mięso ponadziewaj w harmonijkę na namoczone szpadki do szaszłyków. Upiecz na grillu, co jakiś czas skrapiając marynatą. W tym czasie wymieszaj składniki sosu jogurtowego. Podawaj do szaszłyków.

2 | 30'

2 roztarte ząbki czosnku
sok z 2 cytryn
100 ml oliwy
1 łyżeczka kardamonu
1 łyżeczka chińskiej przyprawy „5 smaków"
1/2 łyżeczki kurkumy
1 pierś kurczaka pokrojona w ukośne plasterki **(patrz strona 22)**
sól, pieprz

Sos:
200 ml jogurtu
posiekane listki z 1 gałązki bazylii
posiekane listki z 5 gałązek mięty
sól, pieprz

Najważniejsza w przepisie na

kurczaka po prowansalsku

jest puszka piwa. Pamiętaj: nie butelka, koniecznie puszka.

4 | 20'

1 kurczak
1 puszka piwa

Marynata:
5 gałązek świeżego tymianku – same listki
2 łyżki listków świeżego estragonu (lub łyżka estragonu suszonego)
3-4 całe gałązki bazylii
2 gałązki rozmarynu – same igiełki
6 obranych ząbków czosnku
200 ml oliwy
60 ml białego wytrawnego wina
60 ml octu winnego

Najpierw zrób marynatę – zmiksuj wszystkie składniki (bazylię razem z łodyżkami). Marynata jest gotowa, gdy ma jednolitą konsystencję. Teraz przygotuj kurczaka: umyj go i osusz, rozetnij nożem wzdłuż skórę na szyjce, szyjkę wytnij, a skórkę pozostaw. Kurczaka włóż do miski, polej marynatą, tak aby był całkowicie przykryty. Teraz szczelnie zawiń miskę przezroczystą folią i wstaw na noc (a przynajmniej na 2 godziny) do lodówki. Rozgrzej piekarnik do 180 stopni, włącz termoobieg. Otwórz puszkę piwa i odlej 60 ml (to jest około 1/4 objętości puszki), a w to miejsce wlej łyżkę marynaty. Kurczaka wyjmij z miski (marynatę zachowaj) i ostrożnie nadziej na puszkę, tak aby pewnie na niej „siedział". Ustaw puszkę z kurczakiem na blasze, wsuń do nagrzanego piekarnika. Piecz około 1,5 godziny. W trakcie pieczenia smaruj kurczaka pozostałą marynatą. Parujące piwo nawilża mięso od środka i sprawia, że pozostaje mięciutkie i soczyste. Zrób próbę: jeśli nakłujesz udko wykałaczką i wypłynie przezroczysty sok bez śladu krwi, kurczak jest gotowy. Wtedy wyjmij go z piekarnika i pozostaw na puszce jeszcze przez 15 minut. Potem delikatnie podnieś kurczaka i usuń puszkę. Uważaj, bo jeszcze jest bardzo gorąca! Kurczaka po prowansalsku możesz także przyrządzić na grillu, pod warunkiem że masz taki z pokrywą (typu barbecue).

kurczak tandoori

to danie o indyjskim rodowodzie. Tak naprawdę robi się je w specjalnym piecu tandoor, czyli takim glinianym kotle, w którym temperatura osiąga 180 stopni. Pieca budować nie musicie, ale pamiętajcie o jednym: jeśli chcecie, aby mięso było pyszne i soczyste, nie wolno skracać czasu marynowania!

Przygotuj pierwszą marynatę: pokrój limonkę na kawałki, wyciśnij sok do miski, wrzuć także wyciśnięte kawałki. Dodaj chili, sól i pieprz, włóż kurczaka, wymieszaj. Przykryj i wstaw na 45 minut do lodówki. W tym czasie przygotuj drugą marynatę: wymieszaj oba rodzaje chili, imbir, czosnek, sok z limonki, garam masalę, pastę tandoori i szczyptę soli. Wlej olej, utrzyj na gładką pastę, połącz z jogurtem. Kurczaka przełóż do ceramicznej foremki, polej drugą marynatą i wstaw do lodówki na godzinę. Rozgrzej piekarnik do 175 stopni, włącz termoobieg. Wstaw foremkę z kurczakiem, piecz 10-12 minut. Możesz podawać z ryżem. Aha, nie przejmuj się, jeśli zobaczysz, że jogurt się zwarzył. Tak ma być, to absolutnie prawidłowe.

4 | 20'

4 filety z piersi kurczaka przekrojone ukośnie na połówki

Marynata pierwsza:
1 łyżeczka płatków chili
1 sparzona limonka
sól, pieprz

Marynata druga:
1 łyżeczka proszku chili
1 łyżeczka płatków chili
sól
2 łyżki startego imbiru
2 łyżki roztartego czosnku
2 łyżki soku z limonki
2 łyżeczki przyprawy garam masala
1 czubata łyżka pasty lub proszku tandoori
2 łyżki oleju słonecznikowego
1 kubek (200 g) jogurtu

Niecodzienny, egzotyczny smak

kurczaka tajskiego z bazylią

to zasługa sosu ostrygowego. Warto go mieć w domu, bo świetnie pasuje do większości potraw tajskich, chińskich i wietnamskich. Nie wolno jedynie wąchać tego sosu. Uwierzcie mi – nie pachnie zbyt przyjemnie.

Kurczaka przypraw solą i pieprzem, podsmaż na 2 łyżkach oleju. Przełóż na talerz, wylej zużyty olej, wlej pozostały świeży (nie myj patelni, niech pozostanie smak). Zeszklij cebulę, czosnek i chili. Dodaj przekrojone wzdłuż na pół fasolki oraz kurczaka. Wymieszaj, podgrzewaj jeszcze przez chwilę. Dodaj sos ostrygowy, cukier i sok z cytryny oraz pokruszoną minikostkę czosnkową. Wymieszaj, duś minutę. Posyp bazylią.

4 | 30'

2 piersi kurczaka pokrojone w cienkie ukośne plasterki (patrz strona 22)
sól, pieprz
3 łyżki oleju arachidowego
2 posiekane cebule
1 roztarty ząbek czosnku
1 minikostka przyprawowa Knorr (czosnek)
2 posiekane papryczki chili
70 g ugotowanej fasolki szparagowej
1 łyżka sosu ostrygowego
odrobina brązowego cukru trzcinowego
sok z 1 cytryny
garść posiekanej świeżej bazylii – najlepiej tajskiej

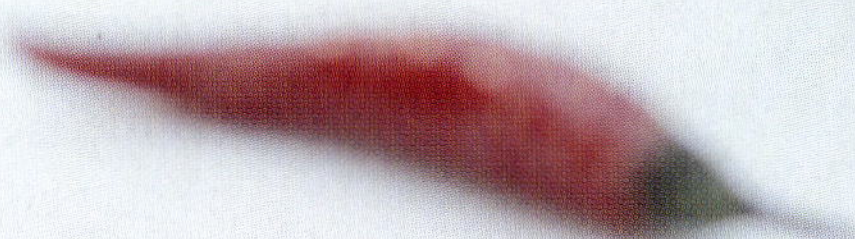

Jeśli kiedykolwiek dostanę jakiś order, to na pewno za

hamburger Pascala

Jestem dumny z tego przepisu. Dostałem już tysiące e-maili od ludzi, którzy go zrobili. I każdy jest zachwycony, naprawdę!

Cebulę zeszklij na łyżce masła, wymieszaj z ogórkiem, oliwkami, mięsem i musztardą. Przypraw solą i pieprzem, dobrze wyrób rękami lub widelcem. Uformuj 6 okrągłych kotletów na desce posypanej tartą bułką i usmaż je na oliwie z resztą masła. Utrzyj na gładką masę składniki sosu. Bułki przekrój na połówki, spody włóż na chwilę do gorącego piekarnika (najlepiej pod grill). Gdy będą chrupiące, wyjmij, na każdym spodzie ułóż kotlet, posmaruj sosem i przykryj odciętymi wierzchami. Gotowe hamburgery włóż do piekarnika rozgrzanego do 120 stopni z włączonym termoobiegiem. Zapiekaj, aż sos serowy się rozpuści.

4 | 45'

1 posiekana cebula
2 łyżki masła
1 średni kiszony ogórek pokrojony w kostkę
1 łyżka zielonych oliwek (bez pestek) pokrojonych w plasterki
600 g mieszanego mięsa mielonego – najlepiej świeżo zmielonego
2 czubate łyżki musztardy (Dijon lub Sarepskiej)
sól, świeżo zmielony pieprz
tarta bułka
3 łyżki oliwy
6 bułek z sezamem

Sos:
2 łyżki masła
5 łyżek śmietany
5 łyżek startego ementalera

Jako dzieciak mieszkałem w Lille.

carbonade flamande

była tam daniem szczególnym, przeznaczonym na niedziele i święta. Mama robiła ją z polędwicy wołowej, ale wiem, że w sąsiedniej Belgii był to sposób na przyrządzanie grubych steków z koniny.

(4) 60'

800 g polędwicy wołowej (lub rumsztyku) pokrojonej w cienkie ukośne plasterki (patrz strona 22)
5 łyżek brązowego cukru
600 ml ciemnego piwa
3 cebule pokrojone w cienkie piórka
50 g masła
5 łyżek oliwy
2 łyżki posiekanego tymianku
1 listek laurowy
50 g pokrojonych pierników (np. katarzynek)
sól, pieprz

Mięso oprósz solą i pieprzem. W garnku rozgrzej połowę masła i 3 łyżki oliwy, wrzucaj mięso po kilka kawałków, tak aby smażyło się równomiernie. Dobrze usmażone jest różowe w środku i rumiane na zewnątrz. Gotowe kawałki mięsa przekładaj na sitko zawieszone nad miską, aby złapać sok. Nie myj garnka po mięsie, tylko wlej resztę oliwy i wrzuć pozostałe masło. Gdy masło się stopi, wrzuć cebulę, zeszklij i posyp cukrem. Gdy się skarmelizuje (uważaj, bo gorącym karmelem można się mocno poparzyć), wlej piwo, drewnianą szpatułką odskrob z dna i boków garnka cały osad, czyli smak. Wrzuć tymianek i listek laurowy, zagotuj. Do wrzącego sosu wrzuć mięso, dodaj sok, który z niego wypłynął, oraz pierniki. Mieszając, podgrzewaj, aż pierniki się rozpuszczą, a sos zgęstnieje. Zmniejsz ogień i duś 40 minut. Uważaj, aby nie przypalić sosu. Przypraw pod sam koniec duszenia. Jeśli sos jest za gęsty, możesz dodać nieco wody. Jeśli się śpieszysz lub używasz innego mięsa niż polędwica, możesz – po wrzuceniu mięsa do sosu – wlać do garnka 50 ml czystej wódki, która spowoduje, że włókna mięsa szybko skruszeją.

polędwiczki wieprzowe z papryką i cytryną

znakomicie smakują z ryżem na sypko. Albo z makaronem. Albo po prostu z kawałkiem świeżej bagietki, którą będziesz zanurzać w sosie. To może niezbyt elegancko wygląda, ale jak smakuje...

Boczek wysmaż na suchej patelni. Dodaj cebulę, zeszklij. Mięso oprósz solą i pieprzem, dodaj do boczku, zrumień na mocnym ogniu. Dodaj śmietanę wymieszaną z papryką i sokiem cytrynowym, wymieszaj, aby „odkleić" z patelni smak powstały podczas smażenia. Duś do miękkości, co jakiś czas mieszając. Przed podaniem posyp migdałami i udekoruj natką.

4 | 30'

150 g tłustego wędzonego boczku pokrojonego w kostkę
1 posiekana cebula
2 polędwiczki wieprzowe pokrojone w plasterki o grubości 5 mm (patrz strona 22)
sól, świeżo zmielony pieprz
200 ml śmietany 36-proc.
3 łyżeczki słodkiej papryki
sok z 1 cytryny
80 g uprażonych płatków migdałowych
natka do dekoracji

Rozgrzej piekarnik do 170 stopni, włącz termoobieg. Mięso natrzyj oliwą, posyp połową czosnku, solą i pieprzem. Na mięsie połóż gałązkę rozmarynu, uformuj roladę, tak aby rozmaryn znalazł się w środku. Obwiąż mięso grubą, białą, bawełnianą nicią. Robi się to po to, aby mięso zachowało kształt po upieczeniu. Natrzyj solą i pieprzem od zewnątrz. Na patelni mocno rozgrzej resztę oliwy i masło. Włóż mięso i podsmaż króciutko na ostrym ogniu z każdej strony. Przewracając, nie nakłuwaj mięsa, bo uciekną z niego soki i będzie suche. Ułóż mięso na blasze, posyp resztą czosnku, wsuń do piekarnika. Gdy tylko blacha zrobi się gorąca, wlej na nią pół szklanki wody. Piecz 40-45 minut. Od czasu do czasu odwracaj mięso i polewaj je tworzącym się sosem. Mięso wyjmij na talerz i zabezpiecz przed wystygnięciem. Blachę z sosem ustaw bezpośrednio na palniku i mieszaj, aby odkleić „smak” (osad na blasze jest przepyszny). Jeśli nie masz kuchenki gazowej, wsuń blachę do gorącego piekarnika i zeskrob osad z pieczenia, ale bardzo uważaj, aby się nie oparzyć. Do sosu wlej miód i syrop klonowy, wrzuć warzywa, mieszaj, aż pokryją się karmelem. Rozgrzej olej we frytownicy, wrzuć pomidorki na 30 sekund. Wyjmij, osącz i dodaj do karmelowych warzyw. Składniki sosu wymieszaj w słoiku (patrz strona 22), wlej do sosjerki. Mięso pokrój w plastry, podawaj z sosem i warzywami posypanymi rozmarynem.

4 | 60'

1 mały, wyluzowany, niezbyt tłusty udziec jagnięcy (ok. 1 kg mięsa) w całości
6 łyżek oliwy i kawałek masła
2 posiekane ząbki czosnku
sól, pieprz
1 duża gałązka rozmarynu
1 łyżka miodu
1 łyżka syropu klonowego
3 marchewki obrane, pokrojone w dość grube paski i ugotowane na półmiękko
3 młode ziemniaki pokrojone w dość grube paski i ugotowane na półmiękko
1 duża biała rzepa obrana, pokrojona w dość grube paski i ugotowana na półmiękko
1 rzodkiew obrana, pokrojona w dość grube paski i ugotowana na półmiękko
igiełki rozmarynu do posypania warzyw

oraz:
garść pomidorków koktajlowych z szypułkami (ponacinanych na krzyż)
olej do głębokiego smażenia
sól

Sos:
1 łyżeczka musztardy Dijon
1/2 szklanki oliwy
1 pęczek bazylii
1/2 łyżeczki octu balsamicznego
sól, pieprz

Tak naprawdę to sam przepis na

udo jagnięce z rozmarynem

jest bardzo prosty. Ale wymyśliłem jeszcze do tego karmelowe warzywa i sosik musztardowy. Cudowna harmonia smaków, tylko troszkę długo to wszystko trwa. Polecam na rodzinny obiad, szczególnie w święta.

ryby

To nie jest ryba w buraczkach! To tylko

bruk z łososia z winem ziołowym

Tak to już jest, że każde warzywo duszone w winie wygląda jak buraczki. Nie, żebym coś miał przeciwko burakom, ja tylko uprzedzam.

Cebule, marchewkę i listek laurowy podsmaż na maśle, cały czas mieszając. Dodaj tymianek, wlej wino, wrzuć kostkę bulionową i dodaj szczyptę pieprzu. Wsyp koperek, pogotuj chwilę, aby zredukować. Filety posól i popieprz. Na patelni rozgrzej połowę oliwy i połowę masła, włóż ryby (skórką do góry). Gdy ta strona się zrumieni, podsmaż oba boki, a na koniec drugą stronę filetów. Włóż na kilka minut do piekarnika rozgrzanego do temp. 200 stopni. Ziemniaki podsmaż na pozostałej oliwie z masłem, dodaj natkę, smaż jeszcze parę sekund. Podawaj do ryby razem z warzywami duszonymi w winie.

4 | 30'

3 cebule obrane i pokrojone w kostkę
1 średnia marchewka pokrojona w kostkę
50 g masła
1 połamany listek laurowy
listki 3-4 gałązek tymianku
1/2 l czerwonego wina
1 kostka bulionowa Knorr (rosół wołowy)
sól, pieprz
1-2 łyżki posiekanego koperku
4 filety z łososia (po 200 g)
6 łyżek oliwy + 50 g masła do smażenia
6-8 ugotowanych i obranych ziemniaków pokrojonych w kostkę
1-2 łyżki posiekanej natki

No i właśnie – miałem ochotę na lina, jednak w sklepie akurat nie było. Ale patrzę – jest bardzo ładny pstrąg. No to kupiłem, wykroiłem filety i zrobiłem

pstrąga z porami w śmietanie

Też pyszny, bardzo delikatny. Polecam z zimniutkim białym winem.

3 40'

3 średnie pory – tylko białe części – umyte i pokrojone w ćwierćplasterki
2 szklanki śmietany 36-proc.
2 duże ziemniaki ugotowane, obrane i pokrojone w kostkę
sól, pieprz, gałka muszkatołowa
2-3 łyżki białego wina
3 oczyszczone filety z pstrąga (filetowanie ryby znajdziesz na stronie 24)
2-3 łyżki oliwy i kawałeczek margaryny do smażenia
sok z 1/2 cytryny
pół pęczka posiekanej natki

Pory przełóż do rondelka, wlej śmietanę, duś 15 minut na małym ogniu. Gdy pory zrobią się miękkie, a sos zgęstnieje, wlej wino, zagotuj i dodaj ziemniaki. Gotuj minutę, przypraw do smaku. Filety posól i popieprz, przetnij ukośnie na połówki, lekko ponacinaj skórkę. Na patelni rozgrzej margarynę z oliwą, włóż filety (skórką do góry). Gdy ryby zrumienią się od strony mięsa, odwróć je i podsmaż skórkę. W czasie smażenia delikatnie poruszaj patelnią, wtedy filety nie będą przywierać. Skrop sokiem z cytryny – uwaga, bo pryska! – i w ostatniej chwili posyp natką. Podawaj na porach i ziemniakach w śmietanie.

4 | 30'

4 ładne filety z soli
sól, pieprz
2 łyżki soku z cytryny
trochę mąki do panierowania filetów
2 łyżki oliwy i kawałek margaryny do smażenia
125 g pieczarek
50 g margaryny
100 g krewetek koktajlowych
20 ml śmietanki
1 żółtko
sól, pieprz
1-2 łyżki posiekanej natki

Sola jest dziwaczną rybą. Świeżej nie da się jeść, bo po usmażeniu jest okropnie gumowata. Najlepsza robi się w 2-3 dni po złowieniu. Ale

solę po normandzku

robimy w Polsce przecież z mrożonych filetów – są absolutnie idealne.

Filety rozmroź, umyj, osusz, posól, popieprz i skrop sokiem z cytryny. Przetnij wzdłuż na połowę i ułóż je jeden za drugim, tak aby końce lekko zachodziły na siebie. Potem zroluj, przekłuj wykałaczką, aby roladki się nie rozpadły, i oprósz mąką. Na patelni rozgrzej margarynę i oliwę, usmaż roladki z każdej strony na złoty kolor. Włóż na 5 minut pod rozgrzany grill piekarnika. W tym czasie umyj i osusz pieczarki. Kapelusze obierz, pokrój w plasterki. Tak samo pokrój nóżki. Rozgrzej margarynę, podsmaż grzyby i krewetki. Wlej śmietankę, wymieszaj z roztrzepanym żółtkiem. Podgrzewaj jeszcze przez chwilę, delikatnie poruszając patelnią. Na koniec dodaj natkę, przypraw do smaku, wymieszaj i polej roladki z soli. Od razu podawaj.

4 | 20'

Pesto:
20 suszonych pomidorów w oliwie
2 posiekane ząbki czosnku
1/2 pęczka bazylii
1/2 szklanki oliwy
sól

oraz:
12 cienkich plasterków szynki parmeńskiej
400 g fileta z tuńczyka
sól, świeżo zmielony pieprz

Ryby, niestety, nóg nie mają. Udek też nie. Nawet te moje ulubione, czyli tuńczyk, diabeł morski albo sola. Nie znaczy to jednak, że nie da się zrobić

udawanego udźca z tuńczyka

Wystarczy dobry pomysł.

Najpierw zrób pesto: zmiksuj pomidory z czosnkiem i listkami bazylii. Powoli wlewaj oliwę, nie przerywając miksowania. Dodaj szczyptę soli. Rozgrzej piekarnik do 180 stopni, włącz termoobieg. Przygotuj długi pas pergaminowego papieru do pieczenia. Poukładaj na nim plastry szynki, tak aby lekko zachodziły jeden na drugi. Grubo posmaruj sosem pesto, na wierzchu ułóż posolony i popieprzony filet z tuńczyka. Teraz zawiń rybę w szynkę, pomagając sobie pergaminem. Ostrożnie usuń pergamin, a „udziec" ułóż na blasze i piecz około 20-25 minut.

Jeśli chcesz zrobić

śledzie w trzech smakach,

a bardzo się śpieszysz, wystarczy, że polejesz ryby sosami i podasz z razowym chlebem i masłem. Polecam jednak inny sposób – śledzie trzeba wymieszać z odpowiednim sosem i wstawić do lodówki na 12 godzin, a nawet 24 godziny. Są naprawdę świetne dopiero wtedy, gdy porządnie przejdą smakiem sosu.

W trzech miseczkach (lub w trzech słoikach) wymieszaj składniki trzech sosów. Podawaj do śledzi.

8 | 10'

24 marynowane w occie filety śledziowe osączone i dokładnie wypłukane

Sos musztardowy:
2 łyżki octu winnego
1 łyżka ostrej musztardy
4 łyżki cukru
2 łyżki posiekanego koperku

Sos pomidorowy:
2 łyżki octu winnego
1 łyżka koncentratu pomidorowego
4 łyżki cukru
2 łyżki posiekanego koperku
100 ml oleju

Sos cebulowy:
2 posiekane czerwone cebule
1 posiekany ząbek czosnku
200 ml majonezu
100 ml gęstej śmietany
1 łyżeczka angielskiego sosu worcester
1 łyżka łagodnej musztardy

Jeśli lubisz nowe, ciekawe połączenia smaków, daj się namówić na solę albo rybę maślaną, albo halibuta, albo

mintaja z masłem waniliowym

Uwierz mi: ryba + wanilia + pomarańcze = odlot kulinarny!

Przekrój laski wanilii wzdłuż na połowę. Łyżeczką wyjmij nasionka ze środka, utrzyj je z masłem. Z masła uformuj rulonik, zawiń go w pergamin i zamroź. Filety przekrój wzdłuż na połówki. Oprósz solą, pieprzem i przyprawą „5 smaków". Przygotuj kieszonki na ryby z folii aluminiowej (zerknij na stronę 28). Filety włóż do kieszonek razem z plasterkiem waniliowego masła i kilkoma filecikami pomarańczy. Do środka możesz także wsunąć po kawałku laski wanilii. Kieszonki szczelnie zamknij i ułóż na grillu lub na ruszcie piekarnika nagrzanego do 180 stopni. Piecz, aż kieszeń spuchnie od pary, która nie będzie miała ujścia. Wtedy wyjmij, bo ryba jest już gotowa. Podawaj gościom, niech każdy otwiera własną kieszonkę.

4 | 20'

2 laski wanilii
200 g masła
600 g filetów z mintaja
sól, pieprz
przyprawa „5 smaków"
fileciki z 3 pomarańczy
(jeśli nie wiesz, jak je zrobić, zajrzyj na stronę 28)

Kto uważa, że ryby są mdłe i bez smaku, niech zrobi

okonia morskiego w ostrym pistou

Pistou to francuska wersja włoskiego sosu pesto. Jest idealnym dodatkiem do ryb, ale także pysznym sosem do makaronu i warzyw na parze.

Przygotuj pistou: składniki zmiksuj na jednolitą masę. Filety oprósz solą i pieprzem. Rozgrzej 3 łyżki oliwy i masło, włóż ryby (skórką do góry), smaż z obu stron, delikatnie poruszając patelnią. Przełóż na żaroodporny talerz i wstaw na 4-5 minut do piekarnika nagrzanego do 180 stopni (z włączonym termoobiegiem). Możesz także zrumienić ryby pod „salamandrą", czyli grillem. Zrób sos: z patelni wylej starą oliwę i wlej 3 łyżki świeżej. Podsmaż anchois, dodaj pomidory i pistou, smaż, aż powstanie sos. Na talerz wlej porcję sosu, na tym ułóż ryby i znowu polej sosem. Możesz posypać prażoną cebulką i podawać z białym ryżem na sypko.

4 20'

Pistou:
10 listków bazylii
2 czerwone papryczki chili
2 ząbki czosnku
1 łyżka oliwy

oraz:
4 filety z okonia morskiego ze skórą (jeśli nie wiesz, jak filetować ryby, zerknij na stronę 24)
sól, pieprz
3 + 3 łyżki oliwy
kawałeczek masła
8 posiekanych anchois
2 pomidory obrane, oczyszczone z pestek (patrz strona 28) i pokrojone w kosteczkę

pulpeciki rybne po tajsku

przygotowałem z listkami limonki kaffir. Bardzo je lubię, bo mają piękny, intensywny, cytrynowy zapach. Kupisz je w sklepikach z jedzeniem orientalnym, a jeśli ci się nie uda, możesz użyć świeżo startej skórki cytrynowej.

Przygotuj marynatę: zagotuj ocet z wodą i cukrem pudrem. Zdejmij z ognia, dodaj imbir, czosnek i dymki. Ogórka nie obieraj, tylko przekrój wzdłuż na 4 części i usuń nasionka. Ćwiartki ogórka pokrój w długie, cieniutkie paseczki i zalej je marynatą. Wstaw na 2-3 godziny do lodówki. Zmiksuj rybę z pastą curry i cukrem. Dodaj jajko, miksuj jeszcze chwilę. Wymieszaj z mąką, fasolką i listkami limetki. Jeśli masa jest za rzadka, dodaj jeszcze trochę mąki. Na blacie oprószonym mąką uformuj okrągłe pulpeciki i dokładnie obtocz je w mące. Rozgrzej tłuszcz we frytownicy do 180 stopni. Partiami wrzucaj pulpeciki i smaż je na złoty kolor. Osącz z tłuszczu na papierowym ręczniku. Na talerzach układaj marynowane ogórki, a na nich pulpeciki. Skrapiaj marynatą i od razu podawaj.

4 | 60'

Pulpeciki:
1 filet z dorsza (150 g) umyty, oczyszczony z ości i pokrojony na kawałki
1 łyżka czerwonej pasty curry
1 łyżka brązowego cukru
1 jajko
2-4 łyżki mąki kukurydzianej + jeszcze trochę mąki do obtoczenia pulpetów
10 posiekanych fasolek szparagowych
1-3 listki limonki kaffir pokrojone w paseczki
tłuszcz do głębokiego smażenia

Zalewa:
4 łyżki octu ryżowego
4 łyżki wody
2 łyżki cukru pudru
kawałek korzenia imbiru obrany i starty na drobnej tarce
1 roztarty ząbek czosnku
2 posiekane dymki (tylko białe części)
1 ogórek

To danie na wyjątkową okazję. Jeśli do tej pory przyjaciele nie wierzyli w twoje talenty kulinarne, zaproś ich na

kalmary z bakaliami i ziołami w sosie pomidorowym

Danie jest łatwe – tego nie musisz im mówić – ale za to niesłychanie efektowne. Sam chciałbym zobaczyć ich miny...

Zrób farsz: tosty zalej mlekiem. Wyjmij i odłóż pestki z 2 pomidorów, a miąższ pokrój w kostkę. Posiekaj 2/3 orzechów i rodzynek, dodaj pokrojone pomidory, cebulę, szynkę, boczek i odciśnięte tosty oraz szałwię. Przypraw, dokładnie wymieszaj. Kalmary wypłucz i osusz, nafaszeruj przygotowaną masą przez rękaw cukierniczy lub lejek z pergaminu (ostatecznie można to robić łyżeczką, ale to zadanie dla cierpliwych). Na patelni rozgrzej oliwę, dodaj masło. Pozostałe pomidory pokrój na kawałki, wrzuć na patelnię razem z odłożonymi pestkami. Podsmaż, wlej 1/2 szklanki wody, duś jeszcze przez chwilę, a potem zmiksuj „żyrafą". Dodaj resztę posiekanych orzechów, pozostałe całe rodzynki i majeranek. Sos przypraw do smaku. Gotuj 10-15 minut na maleńkim ogniu. Kalmary oprósz pieprzem, włóż do sosu i przez chwilę tak poruszaj patelnią, aby całe pokryły się sosem. Gotuj na wolnym ogniu około 25 minut. Pamiętaj, że zbyt długo gotowane kalmary nie stają się bardziej miękkie, a przeciwnie – twarde i gumowate.

4 | 60'

4 pszenne tosty bez skórki pokrojone w kostkę
100 ml mleka
6 obranych pomidorów (patrz strona 28)
po 80 g orzechów włoskich i rodzynek
1 posiekana cebula
po 80 g pokrojonej w kostkę szynki i boczku
4 posiekane listki szałwii lub bazylii
20 oczyszczonych i wypatroszonych całych kalmarów
sól, pieprz
2-3 łyżki oliwy
kawałeczek masła
listki z 3 gałązek majeranku

zapiekanki

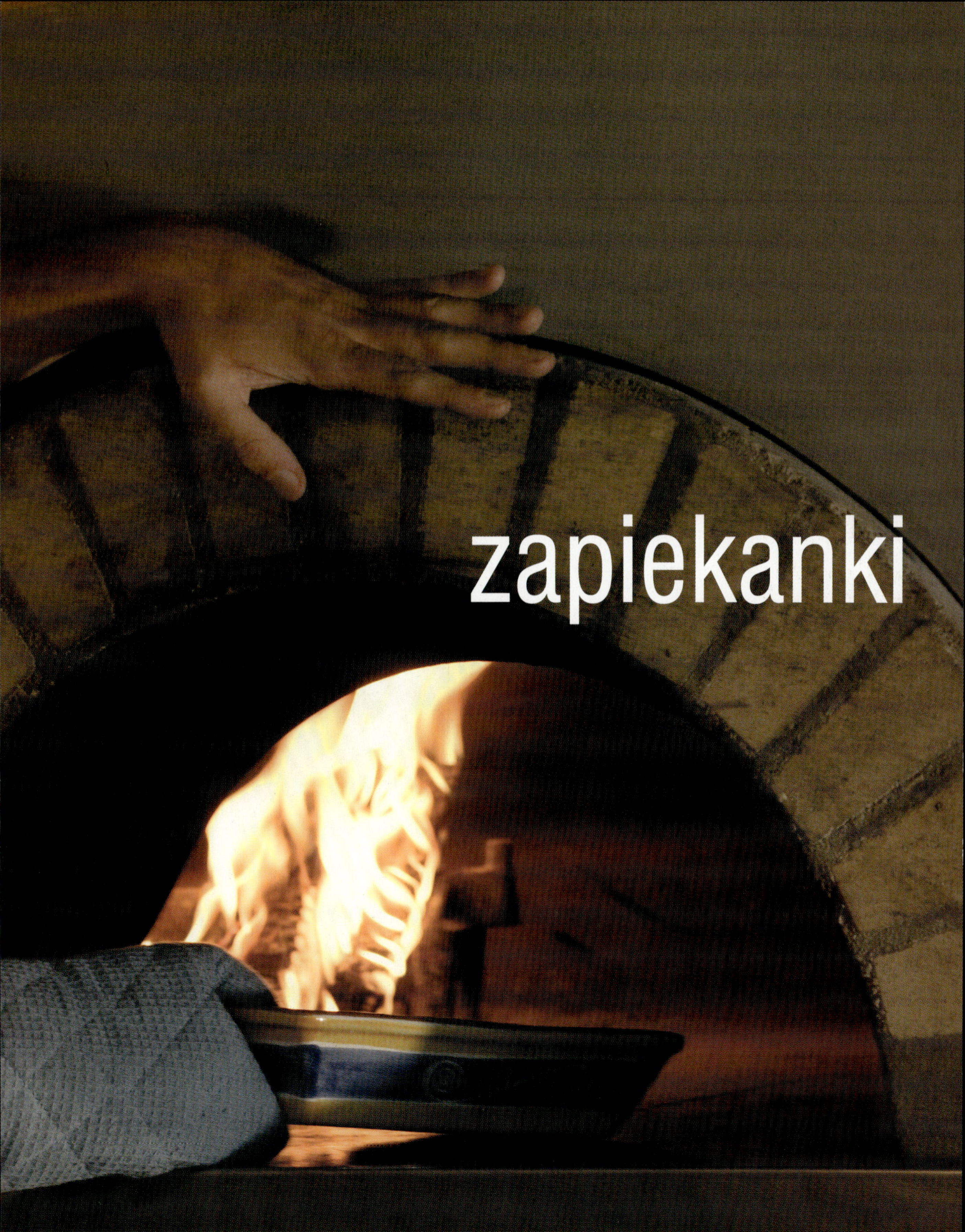

Zdarzyło mi się kiedyś, że ugotowałem za dużo makaronu. No to schowałem go do lodówki, a następnego dnia zrobiłem autorską

zapiekankę z makaronem, szynką i serem

Ty zresztą możesz dodać coś zupełnie innego, tylko pamiętaj – nie żałuj sera!

4 | 20'

350 g makaronu (np. kolanka)
1 kostka bulionowa Knorr (z oliwą z oliwek i ziołami)
1 posiekana cebula
2 łyżki oliwy
7 plasterków szynki pokrojonych w paseczki
1 szklanka śmietany 36-proc.
100 g zielonego groszku z puszki
300 g startego żółtego sera
sól, świeżo zmielony pieprz
margaryna do formy

Rozgrzej piekarnik do temp. 180 stopni, włącz termoobieg. Ugotuj makaron w wodzie z kostką bulionową. Odcedź i zahartuj zimną wodą. Cebulę zeszklij na oliwie, dodaj szynkę i podsmaż. Wlej śmietankę, gotuj minutę na małym ogniu, wsyp groszek, dodaj osączony makaron i połowę sera. Przypraw solą i pieprzem. Żaroodporną formę posmaruj margaryną, napełnij makaronem. Posyp resztą sera i zapiecz na złoty kolor.

Danie fajne i proste. Szybkie i łatwe. Po prostu:

zapiekanka z cukinią i mozzarellą

4 30'

Panierka:
100 g pokruszonych tostów okrojonych ze skórki
garść posiekanej natki
garść posiekanej bazylii
1 posiekany ząbek czosnku

oraz:
500 g cukinii pokrojonej w cienkie plasterki
100 g mozzarelli pokrojonej w cienkie plasterki
starty parmezan do posypania
oliwa

Cukinię możesz zapiekać na surowo, jak w przepisie, albo wcześniej lekko zblanszować. Próbowałem też posolić ją i osuszyć, gdy puści wodę. Też jest niezła.

Rozgrzej piekarnik do 200 stopni. Zmiksuj w blenderze składniki panierki, przypraw solą i pieprzem (panierka powinna być dość ostra). Posmaruj żaroodporne naczynie oliwą i układaj w nim warstwami cukinię, mozzarellę i panierkę. Posypuj parmezanem i układaj kolejne warstwy, aż skończą ci się składniki. Na górze powinna być gruba warstwa panierki i parmezanu. Zapiekaj, aż ser się ładnie przyrumieni, a cukinia będzie miękka – sprawdzisz to, nakłuwając zapiekankę spiczastym nożem.

zapiekanka z tuńczyka

4 30'

1 czubata łyżka masła
1 łyżka mąki
150 ml mleka
100 g tuńczyka w oliwie
150 g kukurydzy z puszki
60 g startego sera cheddar
1 pomidor pokrojony w plasterki
sól, pieprz
30 g pokruszonych chipsów ziemniaczanych

ma jeden sekret. To chipsy ziemniaczane. Dzięki nim na wierzchu powstaje chrupiąca skorupka. Możesz eksperymentować z rodzajem chipsów, ale według mnie najlepsze są zwykłe, solone. Paprykowych nie polecam.

Rozgrzej piekarnik do 180 stopni, włącz termoobieg. Na patelni rozpuść masło, oprósz mąką i podgrzewaj przez 2 minuty, stale mieszając. Powoli wlewaj mleko, mieszając, podgrzewaj na małym ogniu, aż powstanie gęsty sos beszamelowy. Dodaj do sosu osączonego i rozdrobnionego tuńczyka oraz kukurydzę, wymieszaj. Wsyp ser, ponownie wymieszaj. Przypraw do smaku solą i pieprzem. Na dnie żaroodpornego naczynia rozłóż plasterki pomidora, oprósz je solą i pieprzem, posmaruj sosem tuńczykowym i posyp chipsami. Piecz 10-15 minut, a potem zwiększ temperaturę piekarnika do 220 stopni i zapiekaj jeszcze 5 minut.

zapiekanka makaronowa z krewetkami i tuńczykiem

to porządne, solidne danie dla tych, którzy nie przepadają za mięsem, ale też nie są ortodoksyjnymi wegetarianami – jadają ryby i owoce morza. Ale mięsożercom od czasu do czasu też nie zaszkodzi.

Rozgrzej piekarnik do 170 stopni. Włącz termoobieg. Zeszklij dymki na oliwie. Dodaj pieczarki, smaż 5 minut. Przełóż do żaroodpornego naczynia, wymieszaj z makaronem, rozdrobnionym tuńczykiem i krewetkami. Wymieszaj mąkę kukurydzianą z 2 łyżkami mleka. Pozostałe mleko zagotuj, wlej mąkę, ponownie zagotuj, mieszając. Przypraw do smaku. Gdy sos się lekko zagęści, wylej go na makaron. Na wierzchu połóż plasterki pomidorów, posyp tartą bułką i serem. Piecz 25 minut.

4 | 30'

200-250 g ugotowanego kolorowego makaronu
400 g tuńczyka w sosie własnym
5 posiekanych cebulek dymek (tylko białe części)
200 g pieczarek pokrojonych w cienkie plasterki
150-200 g krewetek koktajlowych
2-3 łyżki oliwy
2 łyżki mąki kukurydzianej
425 ml mleka pół na pół ze śmietaną 36-proc.
sól, pieprz
4 pomidory pokrojone w grube plastry
1 czubata łyżka tartej bułki
1-2 łyżki startego ementalera

W tym czasie, gdy

brandade z dorsza

się zapieka, ja przygotowuję sałatę z sosem winegret. To porządny obiad, nawet jeśli jesteś bardzo głodny.

Rozgrzej piekarnik do 200 stopni. Do garnka wlej wodę, dodaj tymianek i listek laurowy. Do zimnej wody włóż filety, gotuj 6-7 minut. Gdy woda się zagotuje, usuń pianę z wierzchu. Potem osącz dorsza, podziel go na kawałeczki i usuń ości. Wlej oliwę na patelnię, wrzuć czosnek, podgrzej, ale uważaj, aby czosnek się nie przyrumienił. Dodaj dorsza, podsmaż, mieszając. Następnie dodaj ziemniaki, wymieszaj, wlej mleko. Posyp pieprzem i solą, wymieszaj z natką. Masę przełóż do żaroodpornej formy, zapiekaj, aż na wierzchu powstanie złota skorupka.

4 | 20'

1 gałązka tymianku
1 listek laurowy
4 ładne filety z dorsza
1/3 szklanki oliwy
4 duże, ugotowane i rozgniecione ziemniaki
2 rozgniecione ząbki czosnku
1 szklanka tłustego mleka lub śmietanki
sól, pieprz
garść posiekanej natki (pół pęczka)

🍴4 ⏱30'

2 roztrzepane jajka
2 łyżki płynnej śmietany
sól, pieprz
1 posiekana cebula
1 łyżka oleju słonecznikowego
250 g ugotowanych i rozgniecionych ziemniaków
5 posiekanych gałązek koperku
2 duże posiekane plastry łososia (razem ok. 150 g)

Nie wierzysz w swoje umiejętności kulinarne, boisz się, że coś sknocisz? Zrób

pudding z łososia

– każdy pomyśli, że jesteś wytrawnym kucharzem, bo danie wygląda na dość skomplikowane. A poza tym, jest pyszne!

Rozgrzej piekarnik do 180 stopni, włącz termoobieg. Jajka ubij ze śmietaną, przypraw solą i pieprzem (nie sól za dużo, bo łosoś jest słony). Podsmaż cebulę na oleju, dodaj ziemniaki i koperek, wymieszaj, zdejmij z ognia. Dodaj łososia i masę jajeczną, znowu wymieszaj, przełóż do żaroodpornych foremek wyłożonych pergaminem (lub do jednej większej formy). Zapiekaj około 20 minut.

Na letnią kolację w stylu śródziemnomorskim polecam

rigatoni nadziewane tuńczykiem i ricottą,

a do tego ogromną michę mieszanych sałat z dobrą oliwą i octem balsamicznym. Do pełni szczęścia brakuje tylko szklaneczki zimnego białego wina.

4 | 30'

200 g tuńczyka w sosie własnym
250 g serka ricotta
sól, świeżo zmielony pieprz
100 ml śmietany 36-proc.
100-120 g startego parmezanu
1 kostka bulionowa Knorr (bulion z oliwą z oliwek i ziołami)
250 g makaronu rigatoni (grube rurki)
60 g posiekanych suszonych pomidorów
masło do formy

Rozgrzej piekarnik do 180 stopni, włącz termoobieg. Osącz tuńczyka, rozdrobnij widelcem na gładką pastę, wymieszaj z ricottą i przypraw do smaku. Masę przełóż do rękawa cukierniczego. Śmietanę wymieszaj z parmezanem. W wodzie z kostką bulionową ugotuj rurki rigatoni (al dente), odcedź i zahartuj zimną wodą. Rurki nafaszeruj masą tuńczykową, ułóż w formie posmarowanej masłem. Polej sosem śmietankowym, posyp pomidorami. Piecz 20 minut.

zapiekanka ryżowa z pieczarkami

to najłatwiejsze danie świata. Można robić ją ze wszystkich lodówkowych resztek. Można zastąpić ryż makaronem. Można dodać pokrojoną w kostkę wędlinę. Nie da się zrobić tylko jednego – nie można jej zepsuć.

Rozgrzej piekarnik do 180 stopni, włącz termoobieg. Bakłażana przekrój wzdłuż na połowę, ponacinaj miąższ, posmaruj oliwą. Ułóż w żaroodpornym naczyniu skórką do dołu i upiecz (40 minut). Potem wyjmij miąższ ze skórki, posiekaj go i włóż do miseczki. Zagotuj 550 ml wody, posól, wsyp ryż. Ugotuj na półtwardo. Gdy ryż wchłonie wodę, dodaj łyżkę masła, wymieszaj. Pozostaw na malutkim ogniu jeszcze 15 minut. Na patelni rozgrzej resztę masła, wrzuć pieczarki, posól, podsmaż. Dodaj białe dymki, czosnek i pieprz. Smaż na małym ogniu, aż sok odparuje. Teraz dodaj bakłażana, wymieszaj, przypraw. Smaż jeszcze 3 minuty, dodaj szczypior dymki i bazylię, a potem ryż. Wymieszaj, przypraw, dodaj pokruszoną minikostkę, przełóż do żaroodpornego naczynia, posyp serem. Włóż na 5 minut do gorącego piekarnika, a potem włącz grill i pozostaw w piekarniku jeszcze przez 2 minuty, aby wierzch się przyrumienił.

4 | 90'

1 duży bakłażan
oliwa
1/2 łyżeczki soli
1 szklanka przepłukanego ryżu
500 g pieczarek pokrojonych w cieniutkie plasterki
2 cebulki dymki pokrojone w piórka + posiekany szczypiorek jednej dymki
3 łyżki masła
1 zmiażdżony ząbek czosnku
1/4 łyżeczki pieprzu
1 minikostka przyprawowa Knorr (bazylia)
garstka posiekanej bazylii
1 szklanka startego sera (może być ementaler)
sól, świeżo mielony pieprz

4 | 25'

7 łyżek masła
500 g białych części pora dokładnie umytych i pokrojonych w julienne (paseczki)
500 g szynki pokrojonej w grubą kostkę
2 czubate łyżki mąki
1 łyżeczka ziół prowansalskich
1 szklanka mleka
1 kg ziemniaków ugotowanych w mundurkach, obranych i pokrojonych w kostkę
10 pomidorków koktajlowych przekrojonych na połówki
sól, pieprz
grubo starty oscypek do posypania zapiekanki
posiekana natka

Nie polecam osobom na diecie

zapiekanki z szynki i porów

Pory takie już są, że lubią wciągnąć całe masło. Jak zobaczysz, że to zrobiły, nie zastanawiaj się, tylko dorzuć im jeszcze kawałeczek masła. A niech mają. No i zapiekanka będzie lepsza.

Rozgrzej piekarnik do 180 stopni, włącz termoobieg. Na patelni stop 5 łyżek masła, wrzuć pory, posól i zeszklij. Na drugiej patelni stop resztę masła, podsmaż szynkę. Oprósz mąką, wymieszaj, zasmaż (2 minuty). Wlej mleko, i dodaj zioła, zanim mleko się zagotuje. Wymieszaj z porami, ziemniakami i pomidorami. Przypraw do smaku, przełóż do żaroodpornej formy. Posyp oscypkiem i zapiekaj, aż ser się przyrumieni. Przed podaniem posyp natką.

🍴② ⏱20'

50 g pokruszonych nerkowców
2-3 roztarte ząbki czosnku
margaryna do formy
sól, pieprz
1 słodki ziemniak (400 g) obrany, pokrojony w kostkę o boku 1 cm i ugotowany w osolonej wodzie
1 czubata łyżeczka curry
300 g brokułów podzielonych na malutkie różyczki i ugotowanych w osolonej wodzie
1 szklanka mleka kokosowego lub kremu kokosowego z puszki
150 g naturalnego serka homogenizowanego

Nie przykrywaj brokułów podczas gotowania, bo stracą kolor. Po odcedzeniu włóż je do wody z lodem, wtedy szybko ostygną, ale pozostaną jędrne. I dzięki temu twoja

zapiekanka ze słodkich ziemniaków z brokułami

będzie wyglądała bardzo atrakcyjnie. Powodzenia!

Rozgrzej piekarnik do 200 stopni. Nerkowce zmiksuj z czosnkiem. Żaroodporną formę wysmaruj od środka masłem, włóż ziemniaka i brokuły, posyp czosnkiem z orzechami, przypraw solą i pieprzem, wymieszaj. Wymieszaj mleko z curry, przypraw solą i pieprzem, polej składniki w formie i jeszcze raz wymieszaj. Zapiekaj 20 minut, potem posmaruj serkiem homogenizowanym i włóż do piekarnika jeszcze na 10 minut.

Tylko zobacz – zapiekanki możesz robić dosłownie ze wszystkiego, nawet z resztek. Tę potrawę nazwałem

zapiekanką włoską,

bo przygotowałem ją z pomidorów i bazylii. Ale równie dobrze mógłbym zrobić grecką, dodając nieco fety, albo niemiecką – z kiełbasą.

Rozgrzej piekarnik do 200 stopni. Zrób sos: wymieszaj koncentrat z bulionem. Oczyść pieczarki, zdejmij skórkę z kapeluszy. Kapelusze i nóżki pokrój w plasterki. Posmaruj masłem naczynie do zapiekania. Na dnie ułóż ziemniaki, potem pomidory. Posól, popieprz, polej sosem. Posyp papryką, potem pieczarkami, na koniec serem. Zapiekaj, aż wierzch się przyrumieni. Posyp bazylią.

4 30'

4 duże pieczarki (125 g)
masło do formy
2 ziemniaki ugotowane w mundurkach na półtwardo, obrane i pokrojone w słupki
3 duże pomidory obrane, oczyszczone z pestek i pokrojone w grubą kostkę (patrz strona 28)
sól, pieprz
1 mała żółta papryka oczyszczona i pokrojona w paseczki (4-5 cm)
50 g startego ementalera
2-3 łyżki posiekanej bazylii

Sos:
4 łyżeczki koncentratu pomidorowego
150 ml bulionu Knorr (rosół warzywny)

Nie dyskryminuję jaroszy. Moja ulubiona

zapiekanka kalafiorowa

jest wymyślona specjalnie dla nich. Wielbiciele mięsa mogą po prostu dodać do innych składników podsmażoną szynkę albo bekon – po co od razu wyrywać całą stronę!

Rozgrzej piekarnik do 200 stopni. Pora podsmaż na margarynie, oprósz przez sitko mąką i zasmaż (2 minuty). Dodaj pomidorki, ziemniaki i kalafiora, podgrzewaj, mieszając, aż warzywa pokryją się zasmażką. Po 3 minutach oprósz papryką, wlej mleko. Mieszając, gotuj, aż potrawa się zagęści. Wymieszaj z natką, dodaj nieco sera i jeszcze raz wymieszaj. Przypraw do smaku, przełóż do żaroodpornego naczynia, posyp resztą sera i zapiecz na złoty kolor.

4 | 15'

biała część jednego pora pokrojona w paski
3-4 łyżki margaryny
1 łyżka mąki
100 g pomidorków koktajlowych przekrojonych na połówki
600 g ziemniaków ugotowanych w mundurkach, obranych i pokrojonych w plasterki
500 g ugotowanych różyczek kalafiora
1/2 łyżeczki słodkiej papryki
1 szklanka mleka
2 łyżki listków natki
sól, pieprz
kawałek (75 g) startego sera żółtego

desery

klafuti, czyli francuskie clafoutis,

to moje ulubione ciasto. Jest łatwe, ekspresowe i superpyszne. I prawie nie ma po nim zmywania. I nigdy się nie nudzi, bo można dowolnie zmieniać składniki. Chcesz zrobić coś na kolację – voila! Wystarczy, że nie dodasz do ciasta cukru, tylko zioła albo inne ulubione przyprawy, a owoce zastąpisz warzywami, krewetkami lub kurczakiem. Eksperymentuj!

Ustaw temperaturę piekarnika na 180 stopni, włącz termoobieg. Wymieszaj 5 pierwszych składników, pośrodku zrób „studnię" dnem od szklanki. Wlej jajka, potem mleko, a na końcu masło. Wymieszaj – ciasto powinno być bardziej gęste niż naleśnikowe. Wymieszaj gruszki i banany, oprósz je białym pieprzem, przełóż do 2 okrągłych form i zalej ciastem. Piecz 25-30 minut na środkowym poziomie piekarnika. Połącz wszystkie składniki sosu. Ciepłe ciasto pokrój na porcje i polej sosem. Możesz podawać z lodami waniliowymi.

8 20'

10 łyżek przesianej mąki
6 łyżek cukru
szczypta soli
1 cukier waniliowy (16 g)
1/2 proszku do pieczenia (15 g, bo w torebce jest 30 g)
3 lekko ubite jajka
1 szklanka (250 ml) mleka
100 g stopionego masła
10-11 połówek gruszek (z puszki) pokrojonych na kawałki
3 banany pokrojone na kawałki
szczypta białego, świeżo zmielonego pieprzu

Sos:
1 szklanki śmietany (36-proc.)
1 łyżka brązowego cukru trzcinowego
ziarenka wyskrobane z 1 laski wanilii

Delikatna masa rozpływa się w ustach.
Złoty, chrupiący karmel otacza kawałeczki migdałów.
Symfonia smaku. Poezja. To nie są lody. To

krem lodowy z migdałami

mojego własnego pomysłu.

Wyłóż kokilki przezroczystą folią. Ubij Ramę Cremefine lub śmietanę. Skarmelizuj cukier kryształ na patelni. Zdejmij z ognia, gdy powstanie karmel, wymieszaj z migdałami i rozsmaruj na natłuszczonej margaryną blasze. Żółtka utrzyj z 50 g cukru pudru. Białka ubij na sztywno ze szczyptą soli i resztą cukru pudru. Zastygnięty karmel z migdałami oderwij szpatułką od blachy i posiekaj albo zmiksuj w blenderze (nie na proszek – pozostaw kawałeczki karmelu, lody będą smaczniejsze). Teraz połącz ubitą Ramę (lub śmietanę) z żółtkami, dodaj pianę i zamieszaj, tym razem bardzo delikatnie. Dodaj karmel i brandy, ponownie zamieszaj. Masę nabieraj chochelką, napełniaj kokilki. Każdą kokilkę upuść na blat z wysokości 5 cm – aby masa równo się rozłożyła i uszło z niej powietrze. Wstaw na 24 godziny do zamrażalnika.

4 35'

600 ml Ramy Cremefine do ubijania lub śmietany 36-proc.
200 g wyłuskanych, pokrojonych i uprażonych (5 minut na małym ogniu na suchej patelni) migdałów
200 g cukru kryształu
2 żółtka + 2 białka
150 g cukru pudru
2 łyżeczki brandy
margaryna
szczypta soli

Leżysz sobie, patrzysz w sufit, nie chce ci się iść na zakupy. A w domu nie ma nic do jedzenia. Tylko stary chleb. I jajka. I trochę mleka. Czyli masz wszystko. Dziś na podwieczorek będzie

odzyskany chlebek

Słodziutki i rumiany. Z konfiturką. Palce lizać.

4 10'

- 12 kromek czerstwego chleba (pokrojonych na połówki) lub drożdżówki, lub chałki
- 1 szklanka ciepłego mleka
- 5 łyżek cukru
- 3 jajka + 1 żółtko
- 1/2 łyżeczki cynamonu
- 3-4 łyżki masła

Lekko ubij trzepaczką jajka z żółtkiem i cynamonem. W mleku rozpuść cukier, wlej do jajek, wymieszaj. W przygotowanej mieszaninie zanurzaj kromki, wyjmuj je i wkładaj na gorące masło. Smaż na złoto z każdej strony.

mus adwokatowy z bezami

jest zaskakujący. Z jednej strony słodziutki i delikatny adwokat, z drugiej – gorzkawa wódka o smaku ziół, skórek cytrusów i palonego karmelu. To idealny deser dla pani i pana.

Ubij śmietanę, przykryj ją i wstaw do lodówki. Formę wyłóż przezroczystą folią spożywczą, tak aby dość sporo folii wystawało poza brzegi. Utrzyj żółtka z połową cukru pudru, połącz z wódką, adwokatem, migdałami i bezami oraz bitą śmietaną. Oddzielnie ubij pianę z białek. Powoli dodawaj pianę do masy żółtkowej, cały czas delikatnie mieszając, tak aby masa cały czas była puszysta. Kremem napełnij przygotowaną formę, przykryj wystającą folią. Uderz dnem formy o blat stołu, aby z masy wydostały się pęcherzyki powietrza. Wstaw na 4 godziny do zamrażalnika. Wycinaj porcje musu łyżką do lodów, układaj je na talerzykach. Możesz podawać z owocami lub skropić adwokatem.

2 | 20'

20 ml wódki żołądkowej
60 ml adwokata
300 ml śmietanki 36-proc.
4 żółtka + 4 białka
85 g cukru pudru
8 małych bezików połamanych na kawałeczki
80 g uprażonych płatków migdałowych
owoce

4 | 40'

Kruche ciasto:
250 g mąki
125 g drobnego cukru, sól
125 g (pół kostki) masła
1 żółtko
2 łyżki zimnej wody
mąka i masło do formy

Nadzienie:
po 80 g pokrojonych w paski suszonych moreli i śliwek, rodzynek i posiekanych orzechów włoskich
50 g płatków migdałowych
50 g wódki żołądkowej
szczypta cynamonu
sucha fasola do pieczenia

Polewa:
1 żółtko + 2 całe jajka
50 g drobnego cukru
200 ml mleka
100 ml śmietany 36-proc.
laska wanilii, nieco cynamonu

tartę łasucha

robię z bakalii dobrej jakości: morele, rodzynki i śliwki muszą być mięciutkie i pulchne. Jeśli nie uda ci się takich kupić, rozpuść w rondelku nieco masła i poddus te, które masz. Zmiękną, a przy okazji nabiorą miłego, maślanego smaku

Rozgrzej piekarnik do 200 stopni, włącz termoobieg. Zrób ciasto: w przesianej mące zrób „studnię" (dołek), dodaj sól, cukier, żółtko, wodę i posiekane zimne masło. Wymieszaj składniki w studni i szybko zagnieć. Jeśli trzeba, dodaj jeszcze nieco mąki. Ciasto zawiń w folię i włóż do lodówki. Bakalie wymieszaj z wódką (duszone na maśle możesz polać wódką i podpalić) i cynamonem. Ciasto rozwałkuj do grubości 3 mm i wyłóż nim formę na tartę. Ponakłuwaj widelcem, przykryj kawałkiem pergaminu i posyp fasolą (patrz strona 24). Piecz 5-10 minut, usuń fasolę i papier, piecz jeszcze 5 minut. Na cieście rozłóż bakalie. Składniki polewy ubij mikserem na puszystą masę i wylej na bakalie. Piecz 5 minut, a potem obniż temperaturę do 180 stopni, piecz jeszcze około 15 minut. Ciasto wyjmij z piekarnika, okrój szerokim nożem i wyjmij z formy. Po kolejnych 20 minutach możesz tartę pokroić.

4 15'

miąższ 6 dojrzałych zielonych kiwi
listki z 1 gałązki bazylii
1 opakowanie (225 ml) Ramy Cremefine do ubijania
1 łyżka cukru
100 g serka mascarpone
100 g stopionej gorzkiej czekolady
miód

Ten biało-zielony deser nazwałem

świeżość kiwi,

bo nie tylko orzeźwiająco smakuje, ale i tak jakoś świeżo i czysto wygląda. Aż żal go jeść.

Kiwi zmiksuj z bazylią (niezbyt dokładnie, powinny pozostać kawałeczki), wstaw na chwilę do zamrażalnika. Ubij Ramę z cukrem. Mascarpone utrzyj z 2 łyżkami bitej śmietany. Do wąskich szklaneczek wkładaj warstwami mascarpone, mus kiwi i ubitą Ramę. Polej miodem i czekoladą. Nie przejmuj się, że czekolada szybko spływa z wierzchu deseru, bo tworzy to fajny efekt artystyczny, za każdym razem inny.

ciasto czekoladowe

robię wtedy, gdy jestem strasznie wkurzony. Bo wtedy nie siekam czekolady, tylko, nie zdejmując opakowania, brutalnie walę nią o stół. Potem rozwijam i mam cudowne kawałeczki. Od razu mi lepiej.

Połam 2 tabliczki czekolady, miksuj w blenderze z migdałami i orzechami, aż powstanie proszek. Przesyp do dużej miski, a blendera nie myj, tylko włóż do niego masło, żółtka i 70 g cukru. Utrzyj na jednolitą, puszystą masę. Oddzielnie ubij białka z resztą cukru i szczyptą soli. Piana musi być sztywna, bo to ona „trzyma" ciasto, nie dodajesz proszku do pieczenia. Wymieszaj masę żółtkową z proszkiem czekoladowo-orzechowo-migdałowym. Dodaj pianę z białek. Uwaga: zawsze dodawaj białka do masy, nigdy odwrotnie, bo ciasto opadnie i nie urośnie. Formę posmaruj masłem i posyp mąką. Napełnij ciastem. Połam na kawałki trzecią czekoladę i poukładaj ją na wierzchu, lekko naciskając, aby kawałki zatopiły się w cieście. Piecz około godziny w temp. 190 stopni (z włączonym termoobiegiem).

6 | 20'

3 tabliczki gorzkiej czekolady
150 g obranych migdałów
150 g orzechów włoskich
1 i 1/4 kostki masła
6 żółtek i 6 białek
100 g cukru
szczypta soli
margaryna i mąka do formy

Cała rzecz w tym, że w środku każdego naleśnika jest gorąca czekolada i zimne lody. Lody sprawiają, że czekolada zamienia się w twardą chrupiącą skorupkę, ale ten efekt utrzymuje się tylko przez chwilę, a potem wszystko zaczyna płynąć. Dlatego

naleśniki bambino

trzeba jeść natychmiast po przygotowaniu. Ale dzieci na pewno nie trzeba do tego namawiać!

Zrób ciasto: w jednej misce wymieszaj przesianą mąkę, cukier waniliowy i sól. W drugiej roztrzep jajka z mlekiem. Połącz składniki sypkie z płynnymi, na końcu dodaj olej. Wymieszaj, aby powstało gładkie ciasto, przetrzyj je przez sitko, aby nie było grudek, wstaw na 40 minut do lodówki, a potem usmaż cienkie naleśniki, smarując patelnię za każdym razem cieniutką warstewką oleju. Rozpuść czekoladę w kąpieli wodnej, dodaj masło, wymieszaj. Upraż płatki migdałowe na suchej patelni. Naleśniki smaruj czekoladą, posypuj płatkami migdałowymi. Na każdym ułóż porcję lodów i złóż w chusteczkę. Polej resztą czekolady po wierzchu, posyp pozostałymi migdałami.

4 20'

Ciasto:
2 szklanki mąki
2 torebki cukru waniliowego
szczypta soli
2 jajka
3 szklanki mleka
4 łyżki oleju słonecznikowego
olej do smażenia

oraz:
200 g mlecznej lub gorzkiej czekolady
1/2 kostki masła
150-200 g płatków migdałowych
1/2 litra lodów waniliowych Algida pokrojonych w plastry o grubości 1 cm

4 50'

8 białek i 8 żółtek
sól
10 łyżek cukru
6 łyżek przesianej mąki
6 łyżek przesianego kakao
margaryna i cukier do foremek

suflet czekoladowy

uda się, jeśli spełnisz dwa warunki. Po pierwsze, trzeba ugotować budyń. Ale nie taki z torebki, o nie! Robisz go sam według mojego sprawdzonego przepisu – jest naprawdę pyszny! Drugi warunek to idealnie ubita piana z białek, bo to ona unosi suflet.

Rozgrzej piekarnik do 200 stopni. Żółtka utrzyj z cukrem, wymieszaj z mąką i kakao. Zagotuj mleko, połowę dodaj do masy żółtkowej, wymieszaj. Teraz wlej tę masę do pozostałego, wrzącego mleka, mieszając, podgrzewaj na mocnym ogniu, aż zobaczysz, że powstał budyń, a na jego powierzchni zrobił się „wulkan", czyli takie małe bąbelki. Wtedy zdejmij z ognia, wlej do miseczki i przykryj folią, bo jak tego nie zrobisz, powstanie kożuch (wszystkie etapy gotowania budyniu podstawowego znajdziesz na stronie 26). Odstaw do przestygnięcia – budyń ma być letni. Ubij białka ze szczyptą soli i połącz z budyniem, mieszając bardzo delikatnie, jakbyś robił biszkopt. Zawsze dodawaj pianę do budyniu, nigdy odwrotnie, bo piana opadnie i suflet nie urośnie. Miseczki posmaruj masłem i wysyp cukrem, napełnij masą czekoladową. Zapiekaj około 25 minut, podawaj od razu po wyjęciu z piekarnika.

Nie musisz mieć osiemnastu lat, aby spróbować mojej

zupy z wiśni na czerwonym winie

Bo ja najpierw tak długo gotuję to wino, aż caluteńki alkohol z niego wyparuje. Zostaje tylko smak. Za to jaki smak. Mniam, mniam.

Wlej do miseczki kilka łyżek wina, a resztę zagotuj bez pokrywki w garnku o grubym dnie i pozostaw na ogniu około 10 minut. Dodaj cukier i miód. Mąkę dodaj do zimnego wina w miseczce, wymieszaj i powolutku wlewaj do wrzącego wina, cały czas energicznie mieszając. Po jakiejś minucie zupa powinna zgęstnieć. Wtedy dodaj wiśnie, a gdy zupa ponownie się zagotuje, zdejmij garnek z ognia. Ostudź, wstaw na godzinę – co najmniej! – do lodówki. Posyp miętą.

3 20'

1/2 butelki czerwonego wina
2 łyżki cukru pudru
1 łyżka miodu
1 łyżka mąki kukurydzianej
800 g wydrylowanych wiśni
mała garstka posiekanych listków mięty

Nie zapomina się smaków dzieciństwa.
Pewnie dlatego nie mogę zapomnieć

gofrów mojej Babci

Były pyszne i bardzo ładne: w jedne kratki Babcia wkładała wisienki z kompotu, inne napełniała bitą śmietaną.
Ale i same gofry są pyszne – wystarczy po prostu posypać je cukrem pudrem.

4 | 30'

500 g mąki
250 g cukru
20 g drożdży
200 ml mleka
200 ml stopionego masła
3 żółtka
1/4 puszki jasnego piwa
szczypta soli

Wymieszaj mąkę z cukrem, wlej drożdże wymieszane z połową lekko podgrzanego mleka. Dodaj masło, ponownie wymieszaj. Żółtka utrzyj z pozostałym zimnym mlekiem, piwem i solą. Wlej do miski z pozostałymi składnikami, dokładnie utrzyj mikserem i odstaw do wyrośnięcia w ciepłe miejsce. Ciasto powinno rosnąć co najmniej 3 godziny, można je też odstawić na całą noc. Porcjami wlewaj do rozgrzanej gofrownicy przygotowane ciasto, piecz je szybko na złoty kolor. Nie przejmuj się, jeśli na samym początku gofr ci się nie uda – z nimi jest tak samo jak z naleśnikami: pierwszy zawsze nadaje się do wyrzucenia.

crème brulée

to klasyka klasyki francuskich deserów. Uwaga: lubi się nie udać, szczególnie pod koniec, gdy chcemy już tylko zrobić ostatni kroczek, czyli skarmelizować wierzch. Między nami mówiąc, mój patent polega na opalaniu powierzchni kremu ręcznym palnikiem gazowym... Kto ma w domu coś takiego, niech próbuje.

Rozetnij laskę wanilii, wyskrob nasionka. Utrzyj w misce jasny i puszysty kogel-mogel z żółtek, cukru i miodu. Ciągle mieszając, powoli wlej gorącą śmietankę, dodaj ziarenka i rozkrojoną laskę wanilii. Ostudź, miskę przykryj folią i wstaw na godzinę do lodówki (najlepiej na całą dobę), a potem wyjmij laskę wanilii. Rozgrzej piekarnik do 90 stopni. Masę wyjmij z lodówki i wlej na głębokie talerze lub do dość płytkich miseczek do zapiekania. Ustaw te naczynia na blasze piekarnika, piecz godzinę i 20 minut, uważając, aby temperatura piekarnika nie przekroczyła 90 stopni. Możesz także ustawić krem w kąpieli wodnej (na blachę trzeba wlać tyle wody, aby sięgała do 3/4 wysokości foremek) i piec 25 minut w temp. 160 stopni. Wyjmij gotowy krem z piekarnika, posyp po wierzchu brązowym cukrem. Ustaw w piekarniku opcję grill i wsuń na chwilę krem, aby cukier na wierzchu się skarmelizował. Uważaj, aby nie przypalić.

4 | 30'

1 laska wanilii
10 żółtek
120 g cukru
40 g miodu
1 litr śmietanki 36-proc.
brązowy cukier do posypania

Beach
Motel

różne

risotto z szałwią

zasługuje na poważne traktowanie. Nie podawaj go byle jak. Opłucz miseczkę zimną wodą, napełnij risottem i mocno ubij. Potem szybko odwróć i wyrzuć kolorową górkę na sam środek talerza. Prawda, że śliczne?

Zeszklij cebulę na oliwie, dodaj patat i smaż 2 minuty. Wsyp ryż – gdy ziarenka popękają i zaczną przywierać do dna, wlej trochę bulionu, zamieszaj i gotuj, aż ryż wciągnie bulion. Wtedy znowu wlej trochę bulionu i gotuj, aż ryż będzie miękki, co jakiś czas uzupełniając wchłonięty bulion. Próbuj, bo ryż ma być kremowy z zewnątrz, ale w środku al dente, jak makaron – nie wolno go rozgotować. Do gotowego ryżu dodaj parmezan, szynkę i szałwię. Wymieszaj, przypraw solą (mało, bo parmezan i bulion są słone!) i pieprzem.

4 40'

1/2 szklanki oliwy
1 patat (słodki ziemniak) obrany i pokrojony w kostkę o boku 1,5 cm
450 g ryżu arborio (o okrągłych ziarenkach)
5 szklanek gorącego bulionu z 2 kostek bulionowych Knorr (rosół z kury)
1 posiekana czerwona cebula
75 g startego parmezanu
7 plastrów szynki parmeńskiej krótko zgrillowanej w piekarniku z obu stron i połamanej na kawałki
garść posiekanych listków szałwii
sól, kolorowy pieprz

4 20'

2 jajka
150 g świeżego oczyszczonego szpinaku
1/2 obranego i pokrojonego w kosteczkę pomidora
1 ząbek czosnku wbity na widelec
1 łyżeczka margaryny
2 łyżki śmietany 36-proc.
sól, pieprz, gałka muszkatołowa, cynamon
margaryna do posmarowania szklanki

Wyobraźcie sobie starszego wytwornego dżentelmena i chłopaka z kolorowymi włosami jadącego na deskorolce. Niby to facet i to facet. A różnica taka jak między jajkiem po wiedeńsku a

jajkiem w siedzonku ze szpinakiem i pomidorami.

Rozgrzej piekarnik do 180 stopni, włącz termoobieg. Rozgrzej margarynę na patelni. Wrzuć szpinak, posól i podgrzewaj, stale mieszając widelcem z ząbkiem czosnku. Gdy listki puszczą sok, przypraw solą, gałką i cynamonem. Weź dwie szklanki i wysmaruj je od środka margaryną. Układaj w nich warstwami: najpierw posolone i popieprzone pomidory, następnie szpinak, potem wbij po jednym jajku – uważaj, aby nie uszkodzić żółtek! Śmietanę przypraw solą i pieprzem, polej jajka. Szklanki ustaw w foremce keksowej do połowy napełnionej wodą. Wstaw do piekarnika i zapiekaj, aż jajka się zetną. Trwa to około 10-12 minut. Podawaj od razu.

4 60'

Ciasto:
200 g przesianej mąki
50 g masła pokrojonego na kawałeczki
1 jajko
sól, pieprz
kilka kropli soku z cytryny
masło i mąka do formy
sucha fasola do wstępnego pieczenia

oraz:
3 jajka
200 ml śmietany
pęczek drobno posiekanego koperku
sól, pieprz
gałka muszkatołowa
300 g wędzonego dorsza pokrojonego na kawałeczki
60 g startego sera cheddar

tarta z wędzoną rybą,

czyli na przykład dorszem, pstrągiem albo makrelą, jest znakomita na przystawkę, możesz też podać ją na obiad z sałatą. Jeśli coś zostanie, zabierz do pracy na drugie śniadanie. Uważaj tylko na głodnych kolegów!

Mąkę wsyp do miski, w środku zrób dołek. Dodaj masło. Roztrzep jajko, przypraw solą i pieprzem, wlej do dołka razem z sokiem cytrynowym. Zagnieć, ulep kulę, zawiń w folię i włóż do lodówki na 30 minut. Przygotuj masę śmietankową: jajka roztrzep ze śmietaną i koperkiem, przypraw (nie sól za dużo, bo wędzona ryba jest słona). Rozgrzej piekarnik do temp. 160 stopni, włącz termoobieg. Ciasto rozwałkuj do grubości 5 mm, przenieś na wałku do formy na tartę posmarowanej masłem i posypanej mąką (patrz strona 24). Spód i boki ciasta ponakłuwaj widelcem. Przykryj kółkiem z pergaminu, posyp fasolą. Upiecz „na biało" (ciasto nie może się przyrumienić) – trwa to około 15 minut. Zdejmij fasolę i pergamin, a ciasto posyp 2/3 sera. Obłóż kawałkami ryby, polej masą śmietankową. Posyp resztą sera, zwiększ temperaturę piekarnika do 180 stopni. Piecz jeszcze 15 minut.

8 | 60'

Mus:
3 bardzo dojrzałe awokado
sok z 1/2 cytryny, sól, pieprz
3-4 łyżeczki chrzanu
1 łyżka oliwy
8 plastrów wędzonego łososia pokrojonych na paseczki
sok z 3 limonek
2 łyżki żelatyny
po 2/3 szklanki śmietany 22-proc. i śmietany 36-proc.
8 całych plastrów łososia
1 duży por, olej do smażenia

Jest idealny, kiedy chcesz zabłysnąć swoim kulinarnym kunsztem, bo

mus bawarski z łososiem i awokado

podaje się na eleganckich przyjęciach i w najlepszych hotelach. Przygotowanie trochę trwa, ale nie jest trudne.

Przygotuj 8 miseczek lub kokilek: każdą wyłóż najpierw przezroczystą folią (sporo folii powinno wystawać nad brzegi), a potem całym plastrem łososia. Łosoś też musi wystawać. Przygotuj mus: zmiksuj awokado z sokiem z cytryny. Przypraw solą i pieprzem, dodaj chrzan i oliwę, wymieszaj z pokrojonym łososiem. Podgrzej sok z limonek, wymieszaj z żelatyną. Gdy żelatyna rozpuści się w soku i przestygnie, ostrożnie dodaj ją do masy z awokado. Wlej kwaśną śmietanę, wymieszaj. Ubij śmietanę 36-proc., ostrożnie połącz z masą. Mieszaj delikatnie, jakbyś robił biszkopt. Sprawdź, czy nie trzeba przyprawić do smaku. Jeśli lubisz, możesz dodać chili. Foremki napełnij masą, przykryj wystającymi plasterkami łososia i folią. Folię mocno skręć. Foremki wstaw do lodówki. W tym czasie przygotuj dekorację: pory oczyść i umyj, pokrój w cienkie paseczki o długości 5 cm. Wrzuć na rozgrzany głęboki tłuszcz, podsmaż na złoty kolor, osącz i posól. Wyjmij mus z foremek, udekoruj smażonymi porami.

Gdy przygotowuję dla znajomych

wiejską tartę z kozim serem,

wyobrażam sobie Prowansję z jej polami lawendy, malutkimi przydrożnymi *auberge* i młodym winem, które nieźle uderza do głowy, choć niby jest takie niewinne. Kto jeszcze da się namówić na prowansalskie klimaty?

Zagnieć składniki ciasta, ewentualnie dodaj nieco zimnej wody. Zawiń w folię i włóż na 30 minut do lodówki. Zacznij robić farsz: zeszklij cebulę na oliwie, przypraw solą i pieprzem. Wyjmij ciasto, rozwałkuj na placek wielkości średniej pizzy. Przy brzegach ciasto powinno być grubsze niż pośrodku. Placek ułóż na pergaminie, na cieście rozłóż cebulę, posmaruj ricottą, posyp serem kozim, oliwkami i tymiankiem. Zrób polewę: jajka roztrzep ze śmietaną, posól i zalej tartę. Zapiekaj 20 minut w temp. 180 stopni. Przed podaniem skrop tartę oliwą i posyp tymiankiem.

4 40'

Ciasto:
3/4 szklanki mąki (125 g)
szczypta soli
6 łyżek oliwy

Farsz:
2 cebule pokrojone w piórka
1-2 łyżki oliwy
sól, pieprz
1/2 kubka (125 g) sera ricotta
100 g dojrzewającego koziego sera pokrojonego na kawałki
2 łyżki posiekanych czarnych oliwek (bez pestek)
listki z kilku gałązek tymianku

Polewa:
3 jajka
60 ml śmietany 36-proc.
sól, pieprz
starta gałka muszkatołowa

oraz:
oliwa, listki tymianku

Zawsze powtarzam: to goście czekają na suflet, nigdy odwrotnie. Bo

suflet szpinakowy

nie poczeka, tylko po prostu sobie opadnie. I już nie będzie taki śliczny, apetyczny i puszysty. Nie można do tego dopuścić.

Rozgrzej piekarnik do 200 stopni. Szpinak rozmroź, przełóż na patelnię, podgrzewaj, aż odparuje cała woda. W rondlu rozpuść masło, oprósz mąką i zrób jasną zasmażkę (2 minuty). Zmniejsz ogień, powoli wlewaj mleko, cały czas mieszając trzepaczką. Gdy beszamel zgęstnieje, a na jego powierzchni pojawią się malutkie wulkany, przełóż go do miski i wymieszaj ze szpinakiem i żółtkami. Dodaj oba sery, wymieszaj, przypraw gałką, solą i pieprzem. Ubij białka ze szczyptą soli, delikatnie połącz z masą szpinakową (zawsze dodawaj pianę do masy, nie odwrotnie, bo piana opadnie i suflet nie urośnie). Foremki wysmaruj masłem i wysyp mąką. Nadmiar mąki strząśnij. Foremki napełnij masą szpinakową i uderz dnem każdej o blat stołu, aby masa równo się rozłożyła i aby uszło powietrze. Wstaw foremki do gorącego piekarnika i piecz 10 minut. W tym czasie nie wolno otwierać piekarnika! Podawaj natychmiast.

2 30'

100 g mrożonego szpinaku
40 g masła
2 łyżki mąki
1 szklanka mleka
5 żółtek i 5 białek
50 g startego parmezanu
120 g startego ementalera
sól, pieprz, świeżo starta gałka muszkatołowa
masło lub margaryna oraz mąka do foremek

W lodówce są same resztki. Trochę wędliny i sera – przyznaję, nieco zeschniętego, kilka jajek. Trzeba iść na zakupy, bo nie ma co jeść. Ale chwileczkę – najpierw trzeba zrobić porządek. Oto przepis na

omlet, czyli sprzątanie lodówki

Na patelni rozgrzej łyżkę oliwy i dodaj łyżkę masła. Gdy masło się spieni, wrzuć wędlinę i podsmaż. Jajka posól i popieprz, dodaj szczypiorek, ser i wędlinę (jeszcze ciepłą). Wymieszaj. Patelnię wytrzyj, rozgrzej na niej resztę oliwy i masła, wlej masę jajeczną, wymieszaj. Gdy omlet będzie prawie ścięty, podnieś patelnię przechyl ją i kilka razy energicznie uderz u nasady rączki, aby omlet zwinął się w rogal. Zsuń na talerz i posyp ziołami. Uwaga: aby zrobić omlet, musisz mieć praktycznie tylko jajka, tłuszcz, sól i pieprz. Reszta zależy wyłącznie od tego, co zostało w twojej lodówce.

2 15'

2 łyżki oliwy
2 łyżki masła
kawałek kabanosa pokrojony na kawałki
3 plasterki szynki pokrojone w kostkę
3 roztrzepane jajka
sól, pieprz
pęczek posiekanego szczypiorku
100 g startego żółtego sera
kilka pokrojonych listków świeżych ziół (bazylii, tymianku)

Dziś przygotuję dla ciebie

racuchy z cukinii

Do tego sos z gęstej śmietany albo kwaśne mleko do popicia. Wystarczy na lekką kolację.

Przygotuj cukinie: odetnij i wyrzuć końcówki, a całe (nie obrane) cukinie zetrzyj na tarce o dużych oczkach. Wymieszaj (możesz rękami) z jajkami, mąką, proszkiem do pieczenia i solą. Dodaj olej orzechowy i szczypiorek, jeszcze raz wymieszaj i przypraw do smaku. Rozgrzej olej lub smalec we frytkownicy. Dwoma wilgotnymi łyżkami nabieraj masę i wkładaj ją na gorący tłuszcz. W tym czasie delikatnie poruszaj koszykiem frytkownicy. Usmaż na złoty kolor, wyjmij łyżką cedzakową i osącz z tłuszczu na papierowym ręczniku. Wymieszaj składniki sosu, podawaj w miseczce obok racuchów.

4 | 30'

2 średnie cukinie
4 roztrzepane jajka
250 g mąki
1/2 torebki (ok. 8 g) proszku do pieczenia
szczypta soli
1 łyżka oleju orzechowego lub prażonego oleju sezamowego
1/2 pęczka posiekanego szczypiorku
sól, świeżo zmielony pieprz

Sos:
1 opakowanie (250 ml) Ramy Cremefine Gęstej
mały pęczek posiekanej natki

oraz:
olej albo smalec do głębokiego smażenia

Bundz to taki owczy serek, ale nie oscypek, bo niesolony i niewędzony. Można go kupić w górach, ale od jakiegoś czasu także w dobrych delikatesach. Niesamowity jest

bundz z grilla,

zwłaszcza jeśli nie możesz już patrzyć na kolejne porcje karkówki czy kiełbasy.

Bundz rozgnieć widelcem, wymieszaj z ziołami i czosnkiem, olejem, solą i pieprzem. Według mnie soli i pieprzu powinno być dość sporo. Przygotuj 6 kawałków folii aluminiowej, posmaruj je oliwą i posyp solą. Podziel masę na 6 porcji, zawiń w folię, tak aby powstały sakiewki. Grilluj 5 minut, a potem sprawdź, czy bundz się stopił. Kromki chleba skrop oliwą i natrzyj czosnkiem. Upiecz na grillu z obu stron i podawaj posmarowane gorącym bundzem.

4 | 15'

800 g posiekanego bundzu
1 łyżka posiekanego tymianku
1 łyżka posiekanego rozmarynu
4 posiekane ząbki czosnku
3 łyżki oleju z pestek winogron
sól, pieprz
oliwa

oraz:
pokrojony na kromki wiejski chleb
oliwa
roztarty czosnek

3 | 20'

40 g masła
40 g orzeszków piniowych
1-2 pory – tylko białe części pokrojone w paseczki
100 g kiełków słonecznika
3 jajka + 1 żółtko
80 ml gęstej śmietany
sól, pieprz
5-6 łyżek mąki kukurydzianej (ew. nieco więcej)
1 łyżka oleju arachidowego
75 g startego parmezanu
oliwa do smażenia

Sos:
kubeczek jogurtu
kilka pokrojonych listków mięty
kilka pokrojonych listków bazylii (najlepiej tajskiej)
sól, pieprz, szczypta chili

placuszki porowe

są łatwe do zrobienia, a przy okazji przepyszne. Mają smak... wakacji. Zwłaszcza jeśli podasz je z sosem jogurtowo-miętowym, takim jak w Grecji.

Rozgrzej masło, podsmaż orzeszki. Dodaj pory, posól, wrzuć kiełki. Smaż około minuty. Jajka i żółtko roztrzep w miseczce, wymieszaj ze śmietaną, przypraw solą i pieprzem. Dodaj mąkę i olej, połącz z przestudzonymi porami, orzechami i kiełkami. Dodaj parmezan, porządnie wymieszaj. Na patelni rozgrzej oliwę, łyżką nakładaj placuszki i smaż je z obu stron na złoty kolor. Wymieszaj składniki sosu, podawaj do placuszków.

Aby zrobić na obiad albo kolację pyszne

faszerowane pomidory,

przespaceruj się na najbliższy bazar i kup najładniejsze, okrąglutkie, czerwone i równiej wielkości. Aha, koniecznie z szypułkami.

Rozgrzej piekarnik do 220 stopni, włącz termoobieg. Umyj pomidory, pozostaw szypułki. Odetnij czapeczki z szypułkami i odłóż je. Odetnij także cieniutkie plasterki z drugiej strony (przełóż je do miseczki z miąższem), tak aby pomidory nie przewracały się podczas zapiekania. Łyżką wyjmij miąższ z pomidorów, przełóż do miseczki. Posól pomidory w środku, odwróć je i ułóż nad zlewem na kracie piekarnika stroną przecięcia do dołu. Pozostaw pomidory na 30 minut, aby odciekły z soku. Przygotuj farsz: zmiksuj czosnek z miąższem pomidorów, przecedź przez sitko. Dodaj parmezan, jajka i bazylię (ew. jeszcze pokruszoną minikostkę bazyliową), przypraw do smaku. Masą napełnij pomidory, przykryj czapeczkami i zapiekaj około 10 minut.

3 30'

6 pomidorów
sól, pieprz
4 zmiksowane ząbki czosnku
3 łyżki startego parmezanu
2 roztrzepane jajka
garść posiekanej bazylii
ew. 1/2 minikostki przyprawowej Knorr (bazylia)

pieczarki mojego Taty

co jakiś czas pojawiały się na naszym stole. W zależności od nastroju Tata faszerował je np. krewetkami albo paluszkami krabowymi. Robił też pieczarki zupełnie zwyczajne. Takie jak te.

Rozgrzej piekarnik do 160 stopni, włącz termoobieg. Przygotuj pieczarki: umyj je, oddziel kapelusze od nóżek. Z kapeluszy zdejmij skórkę, skrop sokiem z cytryny, aby nie ściemniały. Nóżki posiekaj, także skrop sokiem z cytryny, zmiksuj z migdałami, czosnkiem, masłem, natką i musztardą. Tosty namocz w mleku i odciśnij, dodaj do farszu, wbij jajko. Dokładnie wymieszaj. Kapelusze pieczarek oprósz w środku solą i pieprzem, napełnij farszem, formując niewielkie górki. Piecz 20-25 minut. Tuż przez wyjęciem włącz na moment grill, aby farsz się przyrumienił. Możesz polać pieczarki sosem, który spod nich wypłynie – jest naprawdę smaczny.

6 | 35'

18 dużych pieczarek
sok z 1 cytryny
100 g płatków migdałowych
4 ząbki czosnku
200 g masła
1 pęczek natki
1 łyżka ostrej musztardy
4 pszenne tosty okrojone ze skórki i pokrojone w kostkę
1 szklanka mleka
1 jajko
sól, pieprz

prezentacja przepisów

RYBY

ZAPIEKANKI

DESERY

RÓŻNE

alfabetyczny indeks przepisów